PRAKTISCHE TUINGIDS

De Siertuin

PRAKTISCHE TUINGIDS

De Siertuin

R&B

Inleiding

Een tuin bestaat meestal uit meerdere gedeelten. De keuze voor een speelplek voor de kinderen of een tuinhuisje om in te ontspannen, hangt veelal samen met een bepaalde periode in ons leven. De aanleg van een vijver, een rotstuintje of een grindtuin is altijd een aantrekkelijke mogelijkheid. U kunt verschillende elementen heel goed combineren. Een leuk idee is in een rotstuin zowel een vijvertje als een grindbed aan te leggen. Als u een nieuw element aanbrengt, zorg er dan altijd voor dat het goed bij de rest van de tuin past.

Ideeën voor uw tuin kunt u overal opdoen. Tuinen in binnen- en buitenland bieden meestal veel inspiratie. Hoewel het haast ondoenlijk is om het grootse ontwerp van de tuinen van Versailles of een Italiaanse renaissancetuin te imiteren, kunt u met wat aanpassingen toch uw eigen mediterrane tuin creëren. Oosterse tuinen met hun sobere, maar fantasierijke ontwerpen zijn ook heel inspirerend. Water dat uit een kei borrelt, is in dit soort tuinen vaak een rustgevend element. Net als in veel Spaanse en Moorse tuinen is water een essentieel onderdeel van het tuinontwerp en het zorgt voor de nodige verfrissing.

In elke tuin is comfortabel tuinmeubilair heel belangrijk. Tuinieren is een combinatie van werken, genieten en ontspannen. Mooie en gemakkelijke tuinstoelen en -banken zijn daarbij onmisbaar.

Oorspronkelijke titel: The Ornamental Garden

Omslagontwerp: Ton Wienbelt, Den Haag
Vertaling: Nannie Nieland-Weits en Martina Hop
Redactie en produktie: TextCase, Groningen
Zetwerk: Hof&Land Typografie, Maarssen

ISBN 90 396 0192 5

Inhoud

Fraaie vijvers

Met water brengt u verschillende elementen in uw tuin: beweging, spiegeling en prachtige planten en dieren.

Een vijver kan heel mooi zijn, maar past hij wel in elke tuin? Jammer genoeg niet. In een schaduwtuin of een tuin met veel bomen en weinig open ruimte wordt een vijver een mislukking. Planten gedijen er niet en het water zal al snel vertroebelen.

Er is een aantal punten waarmee u rekening dient te houden voordat u een vijver gaat aanleggen.

De plaats is van cruciaal belang: er mogen geen takken boven hangen en de plek moet voor het grootste gedeelte van de dag in de zon liggen.

Water verzamelt zich in het laagste punt. Kies daarom de laagste plek in uw tuin, mits die voldoet aan de andere criteria, vooral als u een informele of natuurlijke vijver wilt maken.

Een natuurlijke vijver

Als er geen hoogteverschillen in uw tuin zijn, kunt u de achterkant van de vijver ophogen, zodat hij lager lijkt te liggen. U kunt op de helling bijvoorbeeld een rotstuin aanleggen.

Een vijver is een echte blikvanger – de ogen van een bezoeker worden er meteen heen getrokken.

Houd daar ook rekening mee bij het kiezen van de juiste plek. In een formele tuin is een verhoogde vijver een heel mooie blikvanger, vooral als er een fonteintje in staat.

Andrew Lawson

Derek Gould

Met de verschillende materialen van deze vijver (boven) is een harmonieus effect bereikt. De planten, het grind en de gladde, ronde stenen verzachten de harde randen van de bakstenen en de tegels.

Een rotstuin waarin de vloeiende lijnen van deze vijver (links) terugkomen, vormt een fraai stukje in een informele tuin. Naarmate de dwergplanten op de tegels zich uitbreiden, zal het geheel er steeds aardiger uit gaan zien.

Tuinstijl

Als u een vijver aanlegt in een al bestaande tuin, dient u het ontwerp aan te passen aan het type tuin.

Tuinen kunnen grofweg in twee soorten worden verdeeld. Een formele, geometrische tuin bestaat uit regelmatige vormen met rechte lijnen. In een informele tuin komen geen rechte lijnen voor.

Dit is natuurlijk een basisindeling; elke stijl kent vele variaties.

Een formele tuin

Neem voor een tuin met rechte paden en borders een vierkante of rechthoekige vijver.

Een vierkante vijver staat heel fraai in het midden van een formele tuin. Een rechthoekige vijver, liggend over de breedte van een smalle tuin, zal deze breder doen lijken. Een L-vormige vijver ten slotte is het mooist in een hoek.

Een ronde vijver is ook geschikt voor een formele tuin, vooral als er een fonteintje in het midden zit. Hij kan bijvoorbeeld als middenstuk dienen in een rozentuin of als blikvanger op een kruising van twee paden liggen.

De ronde vorm kan ook het midden van een gazon aangeven.

Aan het eind van een pad of een gazon kan een halve cirkelvorm een fraaie blikvanger vormen, maar de achtergrond moet dan wel bestaan uit een haag of een muur.

Een verhoogde vijver

Wellicht maakt u in een formele tuin liever een verhoogde vijver. Deze is beter te zien en vormt een bijzondere aanblik.

In een patiotuin of in een hofje is een verhoogde vijver een echte aanrader.

In een klassiek hofje wordt zelfs standaard een verhoogde vijver aangelegd, meestal met een fonteintje. Het muurtje om de vijver –of deze nu vierkant, rechthoekig of rond is– kunt u afwerken met liggende bakstenen, waarop u eventueel kunt zitten.

In een patiotuin, maar natuurlijk ook in andere tuinen, hoeft u zich niet te beperken tot één vijver.

Een leuk idee is meerdere vijvertjes op verschillende niveaus

Andrew Lawson

Een eenvoudige, rechthoekige vorm (boven) is uiterst geschikt voor deze formele, betegelde tuin.

NIET VERGETEN

VEILIGHEID VOOR ALLES

Een vijver is gevaarlijk voor kleine kinderen. Als u begint met een zandbak voor peuters, kunt u er later gemakkelijk een vijver van maken. Daarvoor hoeft u het gat alleen maar te bekleden met rubber of pvc of er een voorgevormde bak in te plaatsen.

Ook in een klein hoekje kunt u een vijver aanleggen. Denk wel goed na over de vormgeving. Deze vijver (onder) zou er beter uitgezien hebben met ofwel rechte, betegelde kanten of met alleen een rondlopende stenen rand.

Derek Gould

Peter McHoy

Ron Sutherland/Garden Picture Library

Bij dit sobere bassin is de wateraanvoer knap verstopt in een vaas (boven), wat een stijlvol, modern effect geeft. Een andere bijzondere waterbron is de leeuwekop (onder), die dit hoekje in een ommuurde tuin extra spannend maakt. De scharlakenrode ooievaarsbekken steken prachtig af tegen de witte muren.

aan te leggen en die door middel van watervalletjes met elkaar te verbinden; een waterpomp pompt het water rond.

Een informele stijl

In een informele tuin hebben de borders en het gazon een onregelmatige vorm met afgeronde hoeken. De vijver legt u in dezelfde stijl aan. De vorm doet er niet zoveel toe: als u de vijver maar wel op grondniveau of daaronder aanlegt.

Een niervormige vijver is heel fraai. In het brede gedeelte kunt u waterlelies zetten en aan de smalle kant mooie, hoge waterplanten.

In een wilde tuin met veel bloemen en hoog gras trekt een natuurlijke vijver nog meer dieren aan. Maak de vijver iets lager en laat het gras tot aan het water groeien; de dieren kunnen zo gemakkelijk bij het water.

Neil Holmes

Praktische tips

Tegenwoordig is een vijver aanleggen niet zo moeilijk. U kunt voor plastic of voor een voorgevormde vijver kiezen – beide hebben weinig onderhoud nodig.

Er zijn voor- en nadelen aan een verhoogde vijver en aan een vijver op grondniveau. Een vijver op grondniveau is goedkoper en er komt veel grond vrij die u elders in de tuin kunt gebruiken voor bijvoorbeeld een rotstuintje. Het uitgraven kan wel een zwaar karwei zijn, en als u de grond niet wilt hergebruiken, zult u hem op de een of andere manier kwijt moeten raken.

Een verhoogde vijver hoeft u niet uit te graven en kan overal gemaakt worden. Het bouwmateriaal is echter vrij duur. Als u bakstenen of betonnen blokken gebruikt, moet u kunnen metselen. Het kost bovendien meer tijd om op deze manier de vijver te maken.

Als u voor een voorgevormde vijver kiest, wordt u beperkt in de keuze van de vorm en de grootte van de vijver, hoewel er zowel formele als informele vormen in de tuincentra verkrijgbaar zijn.

Let erop dat de bak diep genoeg is (minimaal 45 cm).

Het grootste voordeel van een voorgevormde vijver is dat de aanleg snel en eenvoudig is. U zet de bak in een vierkant of rechthoekig gat met zand op de bodem. De resterende ruimte

Deze ongewone formele vijver (rechts) ligt op een binnenhofje. Hij vormt niet alleen een mooie achtergrond voor het terras, maar wekt tevens de indruk dat de patio op het water drijft! Let ook op de plaats van de vijver, die zo gekozen is dat hij niet door bomen wordt overschaduwd.

Deze informele, door rotsen en kiezel omgeven vijver (links) is helemaal open, zodat de planten erin volop zon krijgen. De gekozen ornamenten en planten zorgen voor een Japans aanzien.

Neil Holmes

vult u met zand op; druk deze stevig aan.

Volg altijd de bijgeleverde instructies.

Met een speciaal soort plastic kunt u elke gewenste vorm en grootte maken. De juiste hoeveelheid plastic berekent u door bij de lengte van de vijver ruim tweemaal de diepte op te tellen. Hetzelfde doet u met de breedte van de vijver.

Bij een onregelmatige vorm neemt u de grootste lengte en breedte van de vijver. Een vijver is meestal 45 tot 60 cm diep.

Nadat u het gat hebt gegraven, legt u het plastic er losjes in. Zet de overslaande randen vast met een aantal bakstenen.

Vul de vijver langzaam met water en verleg de stenen als het plastic gaat trekken. Werk de randen langs de vijver mooi af met

Dit diepe vijvertje (onder) zit vol planten en vis en zorgt voor een heerlijk verkoelend en informeel effect in deze zeer zonnige tuin.

TUINTIPS

BESCHIKBARE MATERIALEN

- **Zwart butylrubber** is het duurste materiaal om een vijver mee te bekleden. Het heeft de langste levensduur, raakt minder gauw beschadigd en kan gerepareerd worden.
- **Bekledingen van pvc** zijn goedkoper en van uiteenlopende kwaliteit. Een versterkte, gelamineerde laag is het sterkst en blijft het langst heel. Neem zwart of donkergrijs.
- **Polyestermatten** worden aangebracht als de grond erg stenig is. Een laag zand kan ook prima. Daarna wordt buigzaam bekledingsmateriaal aangebracht.
- **Voorgevormde** bakken van **glasvezel** zijn sterk en hebben een lange levensduur.
- **Voorgevormde plastic** bakken zijn goedkoper en toch ook sterk. Ze gaan minder lang mee dan bakken van glasvezel. Zwart is de beste kleur.

Andrew Lawson

Photos Horticultural

INFORMELE BEPLANTING

De volgende planten passen in informele en natuurlijke vijvers:

- dubbele dotterbloem (*Caltha palustris* 'Plena') met goudgele bloemen
- irissen (*Iris laevigata*) in diverse variëteiten met zwaardvormige bladeren
- waterdrieblad (*Menyanthes trifoliata*) met bloemen met een wit randje
- vergeet-mij-nietje (*Myosotis palustris*) met blauwe bloempjes
- *Ranunculus lingua* 'Grandiflorus' met glanzend gele bloemen
- gele waterlelie (*Nuphar lutea*), een sterke plant die alleen geschikt is voor grote vijvers
- pitrus (*Juncus effusus*) met dikke groene stengels
- watermunt (*Mentha aquatica*) met geurende blaadjes en lilaroze bloempjes
- kleine lisdodde (*Typha angustifolia*) met bruine bloeikolven

Peter McHoy

Derek Gould

overstekende bakstenen of flagstones.

Waterplanten

In de meeste vijvers doen waterlelies en moerasplanten (deze groeien net onder de oever) het goed. De hoeveelheid en het soort planten hangen af van het type vijver.

Bij een formele vijver gaat het om het water en worden er over het algemeen weinig waterplanten toegepast, maar u beslist natuurlijk zelf wat het mooist in uw tuin staat.

Op het oppervlak laat u een of twee waterlelies drijven en langs de randen zet u bijvoorbeeld een paar groepjes met opvallende en statige moerasplanten.

In de plantenlijst (rechts) staat een aantal mogelijkheden.

Een informele vijver kan echter dicht beplant worden. Neem daarvoor een aantal waterlelies en minder formeel ogende moerasplanten zoals dotterbloem en lisdodde.

Wanneer een informele vijver eenmaal goed is begroeid, vormen de planten in het water en op de kant een romantisch geheel. Pioenen en bontbladige struiken hangen over deze vijver (linksboven), die gevuld is met waterlelies en de glanzend gele bloemen van Ranunculus lingua *'Grandiflorus'.*

De goudgele bloemen van de dubbele dotterbloem, Caltha palustris *'Plena' (boven), bloeien al vroeg in het jaar in de watertuin. Ze gedijen in ondiep water.*

Planten die zich thuisvoelen aan de rand van het water, zoals gele lissen en irissen, combineren prachtig met de waterlelies in deze vijver (rechts). Als u een lage richel maakt tijdens de aanleg van de vijver, wordt de keuze aan planten groter. Bovendien onttrekken ze de rand aan het oog.

Eric Crichton

Deze natuurlijke vijver (links) past schitterend in zijn omgeving. Ook is er een uitstekend evenwicht in kleuren bereikt. Zo steekt de paarse iris (I. laevigata *'Variegata') prachtig af tegen de gele lis* (I. pseudacorus).

Photos Horticultural

Water in de tuin heeft veel functies. U kunt het als een op zichzelf staand element gebruiken of als onderdeel van een natuurlijke omgeving (rechts) waar dieren op af komen.

PLANTEN VOOR FORMELE VIJVERS

- kalmoes (*Acorus calamus* 'Variegatus') heeft zwaardvormige bladeren met roomwitte en groene strepen.
- bont watergras (*Glyceria aquatica* 'Variegata') heeft grasachtige bladeren met groene en roomwitte strepen.
- de gele lis (*Iris pseudacorus* 'Variegata') heeft zwaardvormige bladeren met roomwitte en groene strepen.
- *Pontederia cordata* met lancetvormige bladeren en blauwe bloemen
- moerasaronskelk (*Calla palustris*) met witte bloemen en hartvormige bladeren
- Japans pijlkruid (*Sagittaria sagittifolia* 'Flore Pleno') heeft pijlvormige bladeren en dubbele witte bloemen.
- de witte waterlelie (*Nymphaea alba*) heeft witte bloemen met gele meeldraden

Een watertuin

Een waterpartij maakt elke tuin mooier en biedt bovendien plaats aan verschillende prachtige planten, die erin of erlangs kunnen groeien.

Water is een fascinerend en belangrijk element in een tuinontwerp. Het zacht borrelen van stromend water werkt ontspannend, terwijl in stilstaand water de kleuren van de lucht en de wolken prachtig worden weerspiegeld en het zonlicht speels wordt weerkaatst.

In water groeien ook planten. En of u nu een formele vijver met een fontein hebt, een smal beekje of een natuurlijke vijver, de juiste planten versterken de schoonheid van elke waterpartij.

Zelfs een hardnekkig drassige plek kan met de juiste beplanting een opvallend onderdeel van uw tuin worden.

Don Wildridge

Ook een kleine plas kan een thuis worden voor een aantal bloeiende planten en bladplanten. Hier vormt een niet-klassiek beeldje het middelpunt van een voornamelijk informeel ontwerp, waarin lelies en verschillende andere planten zijn opgenomen.

Dierenleven

Een dicht beplante watertuin vormt een goede biotoop voor fraaie en kleurrijke insekten, amfibieën en vissen.

Terwijl felgekleurde waterjuffers en libellen boven het water vliegen en op de bladeren zitten, schieten schaatsenrijdertjes over het wateroppervlak heen en weer.

Kikkers, padden en watersalamanders zullen de vijver al snel bevolken en zich in het voorjaar flink vermenigvuldigen. Zo houden ze de slakkenpopulatie klein.

Vissen dient u zelf uit te zetten, tenzij u het geluk hebt dat er een stroompje door uw tuin loopt.

Goudvissen eten kikkerdril en dikkopjes, maar dat doen inheemse vissen en zelfs katten ook! U hoeft goudvissen daarom nog niet te weren uit een natuurlijke vijver.

Hun speelse, gouden aanwezigheid aan het wateroppervlak bij warm weer is altijd plezierig.

Vogels bezoeken vijvers om te drinken en zich te wassen; ze moeten daarvoor wel een of meerdere ondiepe plekken hebben. Ook voor kikkers, padden en watersalamanders kunt u het beste een plekje maken waar de oever heel geleidelijk afloopt, zodat ze het water gemakkelijk in en uit kunnen.

Planten vergroten het aantal bezoekers: de bloemen trekken insekten aan, die op de bladeren en stengels gaan zitten. In de schaduw schuilen vogels en amfibieën.

Sommige planten hebben een speciale functie. Ze voor-

NIET VERGETEN

WEES GEDULDIG

Het eerste jaar zal uw vijver er wat karig beplant uitzien. Onderdruk de neiging er te veel planten in te zetten, want de meeste waterplanten breiden zich snel uit. Na een of twee jaar zult u ze moeten snoeien en delen.

Beplant de waterkant volgens dezelfde principes als een bed (rechts). Achter de watermunt (Mentha aquatica) *zorgt een grassoort voor hoogte. Het geel van de maskerbloemen* (Mimulus luteus) *en het blauw van de moerasvergeet-mij-nietjes* (Myosotis scorpioides) *verlevendigen het geheel.*

Pat Brindley

Andrew Lawson

zien het water van zuurstof en houden het schoon. Ze voorkomen bovendien een teveel aan algen. Algen zijn primitieve, microscopisch kleine planten, die het water vertroebelen en voor een groene laag op stenen en andere materialen zorgen.

Waterplanten aanbrengen

Voor elk watermilieu zijn er planten: voor diep en ondiep water, voor moerassen en drasland en voor de oevers. Vanuit het midden van de vijver kunt u in hele of halve kringen van gelijke diepte planten aanbrengen, die tegen een bepaalde hoeveelheid vocht rondom de wortels kunnen. Vanuit het diepe midden waaieren de planten uit als rimpelingen in het water waar een steen in is gegooid. Elke strook is een belangrijk onderdeel van het ontwerp en zorgt voor kleur en decoratie.

In het midden wortelen in een laag aarde of in plastic manden de diep-waterplanten, waarvan de bladeren op het wateroppervlak drijven of er net bovenuit komen.

Het bekendst is de waterlelie (*Nymphaea* spp.). Door kruisingen is er een groot aanbod ont-

Er zijn veel manieren om een kleine vijver tot leven te brengen met zomerkleuren. Een traditionele oplossing is één of twee variëteiten uit het zeer grote geslacht van de waterlelies te planten. Nymphaea *'Froebelii' (rechts) heeft niet alleen prachtige bloemen, maar ook mooie gevlekte bladeren. De schoonheid van waterlelies kunt u nog verhogen door siervissen uit te zetten. Goudvissen of koikarpers (boven) zwemmen op warme dagen dicht aan de oppervlakte, zodat ze schitteren in het zonlicht. Mits de vijver niet te ondiep is, kunnen ze in de winter een wekenlange vorstperiode overleven.*

Tania Midgley

KWEEKTIPS

BESTE TIJD VOOR HET PLANTEN

Beplant waterpartijen in de lente en de vroege zomer.

Als u een vijver pas hebt gevuld, wacht dan maximaal tien dagen met beplanten, zodat het chloor dat in leidingwater zit kan verdampen.

AANBEVOLEN VARIETEITEN

Planten voor diep water
Waterlelies (*Nymphaea* spp), waaronder:
'Pygmaea Rubra' — donkerroze tot rode bloemen, kleine bladeren, geschikt om in kuipen te zetten.
'Froebelii' — dieprode bloemen.
'Odorata Alba' — geurige, sneeuwwitte bloemen, geschikt voor een kleine vijver.
Candida — weelde van kleine, bekervormige bloemen met goudgele meeldraden.
Orontium aquaticum heeft geel met witte bloeikolven die boven het water uitrijzen, en grote opgerichte bladeren. Heeft rond de wortels een diepe laag grond nodig.
Aponogeton distachyus heeft geurige witte bloemen en brede drijvende bladeren.
Waterviolier (*Hottonia palustris*) met varenachtig blad en blauwe bloemen boven het water.
Nymphoides peltata — gele bloemen.

Drijvende planten
Azolla caroliniana — groene plantjes, in de herfst rood.
Krabbescheer (*Stratiotes aloides*) — stekelige blaadjes, in de winter ondergedoken; vóór de bloei komen ze omhoog.

Zuurstofplanten
Sterrekroos (*Callitriche autumnalis*). Lichtgroene blaadjes spreiden zich als een tapijt uit over het wateroppervlak.
Elodea crispa, ook wel verkocht als *Lagarosiphon major*, met bladeren in kransen rond lange stengels.
Watervederkruid (*Myriophyllum spicatum*). Lange stengels, geveerd blad met rode punten.
Tillaea recurva. Dichte laag bladeren boven of onder het wateroppervlak, groen in de winter.

Planten aan de waterkant
Waterdrieblad (*Menyanthes trifoliata*) — rozig witte bloemen.
Zwanebloem (*Butomus umbellatus*). Roze bloemen op lange stelen.
Dotterbloem (*Caltha palustris*). Heldergele bloemen in de lente.
Maskerbloem (*Mimulus luteus*). Rood met geel gespikkelde bloemen.
Gele lis (*Iris pseudacorus*). Grote gele bloemen, fraai blad. Breidt zich sterk uit.
Kleine lisdodde (*Typha minima*). Wordt maximaal 45 cm hoog, geschikt voor kleine vijvers.

De geel met witte bloeikolven en de blauwgroene bladeren van Orontium aquaticum *maken deze plant tot een sieraad voor elke vijver (onder). Het is een overblijvende plant, die in de volle zon moet staan om –in het voorjaar– tot bloei te komen.*

Photos Horticultural

Jean Hall/Nature Photographers

Een van de mooiste planten langs de waterkant is de zwanebloem (Butomus umbellatus). *De gedraaide groene bladeren zorgen voor hoogte aan de vijverrand, maar deze plant wordt toch vooral aangeplant vanwege de fraaie roze met rode bloemen (boven).*

staan met voor elk wat wils. Andere voorbeelden zijn *Aponogeton distachyus*, met kleine, witte bloemen die net zo geuren als de meidoorn, en *Orontium aquaticum*, met lange, gele bloemaren.

Zuurstofplanten

Voor een natuurlijk evenwicht en helder water moeten in elke vijver planten groeien die zuurstof brengen in het water. Net als diep-waterplanten wortelen deze zogeheten zuurstofplanten in de bodem van de vijver, maar in tegenstelling tot de eerste zitten de bladeren onder water.

Alle groene planten produceren zuurstof als bijprodukt van het omzetten van zonlicht in voedsel. Zuurstofplanten geven dit echter niet af aan de lucht, maar aan het water. Hier profiteren de vissen van, die de zuurstof weer opnemen. In de schaduw gaat de omzetting een stuk trager.

Het blad dat onder water zit, dient tevens als bescherming, broedplaats en voedsel voor vissen en watersalamanders.

ZO GEBEURD!

BEPLANTING

Water- en moerasplanten kunt u het best in plastic manden in het water zetten. Haal ze in de herfst uit de vijver om ze uit te dunnen en de dorre bladeren te verwijderen. Planten die een ziekte krijgen, kunt u zo ook gemakkelijker behandelen.

Langs de rand van de vijver kunt u de planten in de grond poten. Als u ze daarentegen in speciaal hiervoor ontworpen plastic manden zet, kunt u ze gemakkelijker verzorgen – en veel gemakkelijker uit het water halen om ze uit te dunnen of te delen.

Collections/Patrick Johns

Het neemt bovendien mineralen op, waardoor er geen overmatige algengroei zal optreden.

Veel zuurstofplanten zijn zowel functioneel als mooi. Sterrekroos (*Callitriche verna* syn. *C. palustris*) heeft veerachtige, gedeelde blaadjes, die prachtig onder het wateroppervlak wervelen, en tere bloemetjes, die hoog boven het wateroppervlak uitsteken.

Het veerachtige blad van vederkruid (*Myriophyllum spicatum*) heeft rode puntjes.

Vermijd woekerende soorten als waterpest (*Elodea canadensis*). De verwante *Elodea crispa* is een fraai, niet-woekerend alternatief.

Andrew Lawson

De meeste waterlelies hebben veel ruimte nodig. De welriekende Nymphaea *'Odorata Alba' (boven) vormt een uitzondering: ze gedijt ook in vrij kleine vijvers.*

Drijvende waterplanten

Veel waterplanten wortelen helemaal niet in de bodem van de vijver. Ze drijven op het wateroppervlak en worden door de wind verschillende kanten opgedreven.

Kleine kroosvaren (*Azolla caroliniana*) is een plantje dat zich snel vermeerdert tot een dichte laag.

In het voorjaar is het groen, in het najaar verkleurt het naar roestbruin. Het is enigszins een woekerende plant, maar ze is in een kleine vijver goed in de hand te houden: u schept de plantjes met een fijnmazig netje zo uit het water.

Net als diep-waterplanten zijn drijvende waterplanten goede bestrijders van overmatige algengroei. Het drijvende blad zorgt voor schaduw en neemt het voor algen onontbeerlijke zonlicht weg.

Pat Brindley

Als er een beekje door uw tuin stroomt, kunt u de oevers bekleden met de vele kleurrijke tuinplanten die van natte grond houden (links). Hier vormen de bloemhoofdjes van verschillende soorten Achillea *samen met zonneroosjes (*Helianthemum *spp.), maskerbloemen (*Mimulus *spp.), tapijtvormende ereprijs (*Veronica prostrata*) en andere planten een schitterend zomerkleed.*

GOEDE IDEEËN

NATTE VOETEN

Loopt er een stroompje of een sloot langs de achterkant van uw tuin, dan is het een aardig idee er inheemse wilde bloemen te laten groeien. Op schaduwrijke oevers zullen varens als de moerasvaren (*Thelypteris palustris*) het goed doen.

Langs de waterkant voelen dotterbloemen zich thuis. De roze dagkoekoeksbloem (*Lychnis flos-cuculi*) gedijt op zonnige plekjes op de oever.

David Squire

De vrolijke gele bloemen van de lis (Iris pseudacorus) *staan op soms wel anderhalve meter hoge stelen en fleuren een vijverrand op. De gele strepen op de bladeren van 'Variegata' (links) verbleken nadat de plant heeft gebloeid.*

TUINTIPS

BEMESTERS

Er is een bemester voor waterplanten verkrijgbaar met een hoog fosfaatgehalte. Gedurende het groeiseizoen worden de voedingsstoffen beetje bij beetje afgegeven. Gebruik geen gewone (kunst)mest, want die doet de algengroei toenemen.

Brian Carter/Garden Picture Library

ORGANISCH TUINIEREN

VERBETERING VAN EEN MOERASTUIN

Als uw moerastuin op een zware (klei)bodem ligt die 's winters te veel water vasthoudt en 's zomers heel snel uitdroogt, zullen uw vochtminnende moerasplanten doodgaan.

Om de afwatering te bevorderen, maakt u eerst de aarde goed nat. Breng daarna organisch materiaal rond de wortels aan.

Als de grond licht en zanderig is, creëert u een moerasje door vlak bij de vijver een stukje uit te graven, het met zwart plastic te bekleden en het op te vullen met organisch materiaal en aarde. Laat er water in stromen en poot daarna vochtminnende planten.

Moerasplanten

Oeverplanten als russen en lissen groeien aan de vijverrand. Ze staan met hun voeten het liefst in ondiep water (5 tot 30 cm) of, net als *Acorus gramineus* 'Variegatus', ter hoogte van de waterspiegel.

Als de moerasplanten eenmaal goed zijn aangeslagen, verzachten ze de lijnen van de vijver en camoufleren ze het plastic of andere storende elementen. Ze bieden bovendien goede bescherming aan kikkertjes en vogels.

Verder zijn moerasplanten vooral decoratief. De meeste zijn opgaand en zorgen in het horizontale wateroppervlak voor een sterk verticaal accent. Vele hebben prachtige bloemen, zoals de dotterbloem (*Caltha palustris*), die in het voorjaar een overdaad van gele bloemen produceert, de zwanebloem (*Butomus umbellatus*), die op lange stelen een scherm met kleine, roze bloemen draagt en de gele lis (*Iris pseudacorus*).

De zogenaamde oeverplanten prefereren een standplaats aan de kant van de vijver, waar de bodem eigenlijk permanent vochtig is. Ze zijn goed te gebruiken om de overgang naar de rest van de tuin te overbruggen.

Goede voorbeelden hiervan zijn *Astilbe*-soorten, kruipend zenegroen (*Ajuga reptans*) en hartlelies (*Hosta*-soorten). Deze planten doen het trouwens ook

U hoeft geen grote waterplas te hebben om een ruime keuze aan waterplanten te huisvesten (boven). Op deze patio is een vijver gemaakt door zijkanten te metselen in plaats van een gat te graven. Een verhoogd gedeelte in het midden maakt de aanplant van waterplanten mogelijk die verschillende waterdiepten nodig hebben om te gedijen.

Andrew Lawson

DRASSIGE GROND

U hoeft geen vijver te hebben om van vochtminnende planten te kunnen genieten. Als uw tuin klein is en een slechte afwatering heeft, kunt u een groot aantal van deze planten gebruiken om er een soort watertuin van te maken.

Als u niet weet wat u met drassige hoekjes moet beginnen, wacht dan nog even met de aanleg van een drainagesysteem. Er zijn namelijk planten die in deze omstandigheden gedijen, bijvoorbeeld astilbe, hosta en *Ligularia*.

In een drassig stukje tuin voelen veel vochtminnende sierplanten zich thuis (boven). Hier vormen het grasachtige blad van zegge en de uitwaaierende bladeren van een hosta de achtergrond voor de roze pluimen van een astilbe.

Het geslacht Mimulus *heeft een aantal moderne hybriden voortgebracht die met hun gele, uitbundig roodgevlekte bloemen opvallender zijn dan de oorspronkelijke soort. Veel cultivars doen het ook goed in een border, maar ze staan het mooist aan de rand van een vijver (onder).*

goed op andere plekken in de tuin.

Sommige oeverplanten worden hoog of hebben grote bladeren en zorgen voor een opvallend effect.

Gunnera manicata heeft bijvoorbeeld enorme, rabarberachtige bladeren en een grote bloemaar.

De laatste hand

Om het ontwerp van de vijver te complementeren, kunt u nog een paar bomen toevoegen. Veel bomen leven van nature in een vochtige omgeving en vormen een prachtige achtergrond voor een natuurlijke vijver.

Wilgen en berken zijn het hele jaar door mooi: 's winters zijn de fraaie bast en de contouren goed zichtbaar, in de lente verschijnen de katjes en in de zomer en de herfst zitten ze goed in het blad.

Zet ze niet te dicht bij de vijver, want de vallende blaadjes maken het water troebel.

David Squire

VEILIGHEID VOOR ALLES

GEEN CHEMICALIEN

Vermijd het gebruik van chemische middelen in de omgeving van de vijver; dit kan schadelijk zijn voor de levende organismen in de vijver. Vijvers zijn gevaarlijk voor kleine kinderen. Maak voor uw kind een zandbak die u later in een vijver kunt veranderen.

Dieren in de vijver

Vissen en andere waterdieren zijn niet noodzakelijk voor een natuurlijk evenwicht, maar brengen wel leven in de brouwerij en geven de vijver een natuurlijk aanzien.

Ron Sutherland/Garden Picture Library

Mooie goudoranje vissen en een grote verscheidenheid van planten in het water en aan de rand (boven) maken van deze vijver een vredig plekje. U kunt er zich onttrekken aan de stress van het moderne leven.

Voor volwassenen is het observeren van vissen een ontspannende bezigheid; voor kinderen is het fascinerend. Uw vijver is een goede habitat voor allerlei dieren die hun hele leven of een gedeelte daarvan in het water doorbrengen.

Dieren zijn ook nuttig. Vissen eten bijvoorbeeld muggelarven. Deze kleine wriemeldiertjes vindt u net onder het wateroppervlak.

Muggen planten zich voort in de vijver, maar vliegen de tuin in en kunnen vervelend steken. Vissen voeden zich ook met bladluis en waterleliekevertjes.

De uitwerpselen van vissen zijn een natuurlijke meststof voor waterplanten. Het waterstofdioxyde dat de vissen uitademen, gebruiken planten die onder water zitten voor hun fotosynthese.

Kikkers, padden en watersalamanders planten zich voort in het water. Ze helpen de tuinier door slakken en kevers te eten.

Waterslakken houden het water helder doordat ze algen eten en zoetwatermosselen zijn als het ware levende waterfilters.

Vissen kopen

Vissen kunt u kopen in een tuincentrum of in dierenspeciaalzaken. Kies de vissen zelf uit, zodat u gezonde exemplaren krijgt. Gezonde vissen bewegen snel en hebben een goede kleur. Vermijd vissen met duidelijke verwondingen.

Koop niet te veel vissen, want dan passen ze niet allemaal in de vijver. Houd ruwweg één vierkante meter wateroppervlak aan voor een vis van 15 cm lang. Aangezien jonge vissen nog groeien, begint u met een kwart van het totale aantal vissen.

De uiteindelijke grootte van een vis is afhankelijk van het formaat van de vijver en de hoeveelheid zuurstof in het water.

Een fonteintje zorgt voor meer zuurstof, vooral in warm water, dat veel minder zuurstof bevat. Begin met vissen van ruwweg dezelfde grootte, zodat de grotere exemplaren niet op de kleinere beginnen te jagen.

Vissoorten

Voor een kleine vijver zijn goudvissen, bittervoorntjes en goudwindes het geschiktst. Deze kleurrijke vissen zijn zeer goed zichtbaar en zwemmen meestal vlak onder het wateroppervlak.

Neem liever geen vissen als de meerval en de zeelt, omdat ze de grond loswoelen en het water vertroebelen. Meervallen zijn ook agressief en kunnen

Peter McHoy

De shubunkin (links), een verwant van de goudvis, is een gewilde vissoort voor tuinvijvers. Hij is gemakkelijk te verzorgen en zijn felle kleuren en zijn gewoonte dicht aan de oppervlakte te zwemmen, verhogen zijn waarde als siervis.

De zoetwateralikruik (onder) is een nuttig organisme in een vijver, want het helpt de algengroei onder controle te houden. Het schraapt de algen van stenen en planten onder water af.

JONGENDE VISSEN

Goudvissen en shubunkins planten zich gemakkelijk voort. Uit de eieren komen honderden piepkleine, doorschijnende jonkies. Helaas worden zowel de eieren als de jongen gegeten — vaak door hun eigen ouders. Slechts weinige groeien uit tot volwassen vissen.

Als u wilt dat uw vissen zich met succes voortplanten, zorg dan dat er ruim voldoende 'onkruid' in het water zit waartussen de jonkies zich kunnen verschuilen.

andere vissen behoorlijk verwonden.

Koikarpers hebben een grote vijver nodig van 1 tot 1,5 m diep met voldoende stroming. Installeer zo mogelijk een filter waar het water doorheen wordt gepompt, eventueel via een watervalletje.

Koikarpers zwemmen voornamelijk over de bodem van de vijver, waarbij ze in de bodem woelen en planten lostrekken.

Leg zuurstofplanten daarom vast onder een zware steen en zet waterlelies in grote manden.

Vissen uitzetten

Zet niet te snel vissen uit in uw nieuwe vijver. Het water van een betonnen vijver moet eerst een paar keer zijn ververst. U kunt er ook een produkt instrooien dat de kalk in het cement meteen neutraliseert.

In vijvers die gemaakt zijn van synthetisch rubber, plastic of glasvezels kunt u direct planten zetten. Wacht minstens een week met het uitzetten van vissen tot het water is opgewarmd en het chloor is verdwenen.

U hoeft niet per se te wachten tot het voorjaar. Ook in de zomer kunt u de dan verkrijgbare vissen uitzetten.

Over het algemeen koopt u de vis in een afgesloten plastic zakje met water en lucht. Knoeien kan niet en de vis is goed beschermd. Laat eenmaal thuis de plastic zak afgesloten in de vijver drijven. Hierdoor kan de vis langzaam wennen aan de watertemperatuur van de vijver. Na een uur opent u de zak en laat u er langzaam water in lopen.

Houd de zak goed open, zodat de vis eruit kan als hij daar-

G.I. Bernard/NHPA

TIPS VOOR VERZORGING

VISSEN VOEREN

Er zijn verschillende soorten visvoer in de handel. Voor jonge vissen is voer in de vorm van vlokken het geschiktst, want dat valt uiteen in kleine stukjes. Drijvende bolletjes worden vaak voor grotere vissen gebruikt, die anders niet zo gauw aan de oppervlakte komen.

Van het midden van de lente tot laat in de herfst voert u de vissen dagelijks, waarbij u ze zoveel geeft als ze in tien minuten op kunnen. Eiwitrijk voedsel, zoals daphnia (watervlooien) en tubifex (een soort borstelwormen, die meestal gedroogd, maar soms ook levend te koop zijn), kunt u het best in de lente en de herfst geven.

Als u vissen altijd op dezelfde tijd en plaats voert, zullen ze u met voedsel gaan associëren en misschien zelfs uit uw hand eten. Vooral koikarpers zijn gemakkelijk te 'temmen'. In de winter eten vissen nauwelijks. Het heeft geen zin dan voer in het water te gooien, want het bederft alleen maar.

De populaire goudvis (onder) gedijt ook in de kleinste vijver.

Harry Smith Collection

VISSEN EN ANDERE ORGANISMEN VOOR EEN VIJVER

Goudvissen Gedrongen oranje vissen waarvan veel varianten te koop zijn, met uitpuilende ogen, lange, golvende vinnen en staarten enz.; hiervan zijn alleen de 'langstaarten' echt geschikt voor buiten.
Shubunkin Kleurige verwant van de goudvis, met blauwe, paarse, rode of oranje tekening op een lichtere ondergrond.
Goudwinde Slanke vis die in scholen zwemt en vlak onder het wateroppervlak heen en weer schiet. Kan in een grote vijver 38 cm lang worden. Plant zich zelden voort in vijvers in de gematigde zone.
Koikarper Opvallende vis in allerlei kleuren. Vis met een lange levensduur, die u kunt leren uit uw hand te eten; kan in een grote vijver heel groot worden.
Gewone kikker Volwassen kikker: gladde, vochtige huid, beweegt zich springend voort; plant zich voort vanaf het eind van de winter tot het midden van de lente. Kikkerdril: geleiachtige massa's die dicht aan de oppervlakte drijven; de eitjes komen binnen enkele weken uit. Kikkervisjes: zwart of donkerbruin met ronde staartpunt, zwemmen in ondiep water langs de vijverrand.
Gewone pad Volwassen pad: ruwe, droge, wrattige huid, loopt meer dan dat ze springt. Plant zich voort in de lente. Broed: lange dubbele strengen die naar de bodem van de vijver zakken en verstrikt raken in waterplanten; de eitjes komen binnen enkele weken uit. Dikkopjes: donkerbruin, staart met spitse punt en goudkleurige spikkels.
Watersalamanders Verscheidene soorten, lijken op hagedissen, maar hebben brede, peddelachtige staarten. Planten zich voort in de lente. Eitjes: afzonderlijk aan de onderkant van waterplanten geplakt. Larven: met grote geveerde kieuwen aan weerszijden van de kop. Ontwikkelen zich langzaam en worden pas in het vroege najaar echte salamandertjes.
Zoetwaterwulk Schelpdier dat zich voedt met ondergedoken waterplanten; niet aan te bevelen.
Ramshoornslakken Met huisjes in de vorm van roosvensters, zwart of roodachtig; nuttig.
Zoetwateralikruik Nuttig slakje.
Libellen Grote, felgekleurde insekten die over vijvers heen en weer schieten; leggen eitjes op waterplanten. Hieruit komen larven die zich voeden met waterinsekten; hebben een jaar nodig om zich te ontwikkelen.
Bootsmannetje en schaatsenrijders Insekten die zich op warme dagen razendsnel over het wateroppervlak bewegen. Schaatsenrijders zijn onschadelijk; bootsmannetjes vallen soms kleine visjes aan.

aan toe is. Raak de vis niet aan, omdat hij heel kwetsbaar is.

Amfibieën

Het is heel leuk om amfibieën –kikkers, padden en watersalamanders– in en rond de vijver te hebben. Volwassen dieren komen terug naar de vijver waar ze vandaan komen, ook al moeten ze daar een lange afstand voor afleggen.

Begin met een grote hoeveelheid kikkerdril (van vrienden of uit een sloot), zodat u elk jaar weer een groot aantal kikkervisjes in uw vijver hebt.

Vissen eten kikkervisjes, zodat u voor veel waterplanten moet zorgen, waartussen de jonge diertjes zich kunnen verstoppen.

De kikkervisjes moeten in de zomer, als ze voorpootjes krijgen, af en toe uit het water kunnen kruipen. Leg daarom een grote steen in het water of maak de oever minder steil.

Waterslakken zijn heel nuttig, omdat ze algen eten en de vijver dus schoner houden.

Weekdieren

Waterslakken zoals de zoetwateralikruik zijn nuttige diertjes. Ze eten de algen van plantendelen en van stenen.

Meestal worden wulken te koop aangeboden. Deze slakken eten echter planten –met name planten die zuurstof brengen in het water– en daarom is het beter ze niet uit te zetten.

Stephen Dalton/NHPA

Het bootsmannetje (rechtsboven) schiet op warme zomerdagen over het water. Jammer genoeg kan het kleine visjes aanvallen en daarom moeten eigenaars van een vijver een oogje op hem houden.

Ron Sutherland/Garden Picture Library

Kikkers behoren tot de leukste amfibieën die u in en rond een vijver kunt hebben (rechts). Vaak komen ze vanzelf; mochten ze wegblijven, haal dan wat kikkerdril uit een slootje en leg het in uw vijver.

U kunt ze vangen door een sla- of koolblad op het water te gooien.

Alle waterslakken zijn hermafrodiet en planten zich snel voort, maar de eieren en jonge slakken worden haast net zo snel weer opgegeten door vissen.

Een andere nuttig weekdier is de zwanemossel, die zijn voedsel uit het water filtert. Hierdoor blijft het water helder. Zwanemossels worden 10 tot 13 cm groot. U zult ze zelden zien, omdat ze op de bodem van de vijver liggen en nauwelijks bewegen.

Tijdens het foerageren steekt de mossel een witte buis naar buiten om water naar binnen te zuigen. Net als de slakken staan jonge mossels op het vissenmenu, maar er blijven er altijd genoeg over.

De vijver als leefomgeving

Een goed aangelegde vijver voorziet vissen van voedsel en biedt ze schaduw en bescherming tegen roofdieren. Voor schaduw zorgt u door waterlelies en drijvende planten zoals azolla in de vijver te laten groeien en hoge planten –lissen, irissen, kattestaarten, primula's, pijlkruid– langs de rand te zetten.

Tot de natuurlijke vijanden van de in de vijver levende dieren behoren reigers, egels, vossen en huiskatten. Reigers komen 's morgens vroeg op bezoek. Een nagemaakte reiger die dicht bij het water is neergezet, kan ze afschrikken, maar deze methode is niet altijd succesvol.

Aangezien reigers de vijver in lopen, kunt u ze tegenhouden door een nylondraad (een dikke vislijn bijvoorbeeld) op 10 tot 15 cm hoogte rond de vijver te spannen.

Draad kan ook helpen om egels, vossen en katten op afstand te houden. Hebt u vaak last van deze indringers, dan kunt u het ook proberen met verscheidene draden op verschillende hoogten. In het uiterste geval kunt u een net over de vijver spannen, dat u aan de randen stevig vastzet.

Muggelarven, watervlooien (daphnia) en andere insekten (waaronder vliegen) die op het water neerstrijken, worden opgegeten door vissen, dikkopjes en volwassen amfibieën. Dat gebeurt ook met de geleiachtige massa's eieren die waterslakken afzetten op de onderkant van de bladeren van waterlelies en op andere planten.

Als een vijver groot genoeg is, zal er voldoende natuurlijk voedsel zijn. In kleine siervijvers dient u de vissen bij te voeren (zie 'Tips voor verzorging' op blz. 19).

Eric Crichton

Koikarpers (boven) zijn siervissen die alleen gedijen in een grote, diepe vijver met stromend water. Met veel geduld kunt u ze zo mak maken dat ze uit uw hand eten.

Canadees fonteinkruid (onder) helpt het zuurstofgehalte in het water op peil te houden. In de winter, wanneer andere planten afgestorven zijn, geeft het bescherming aan vissen; in de zomer zorgt het voor schaduw.

ORGANISCH TUINIEREN

BELANGRIJKE ZUURSTOF-LEVERANCIER

Canadees fonteinkruid (*Elodea canadensis*) mag niet ontbreken in een vijver waarin vis is uitgezet. Het levert zuurstof en is altijd groen, zodat het ook in de winter zijn nuttige werk blijft doen.

Het geeft niet alleen het hele jaar door zuurstof af, maar biedt vissen ook de mogelijkheid zich in de winter te verschuilen voor reigers en andere dieren. In de zomer zorgt het voor diepe schaduw. Bovendien kunnen heel jonge visjes zich erin verstoppen voor grotere vissen.

Fonteinkruid koopt u in bosjes die uit de grond zijn getrokken. Veranker drie bosjes aan stenen of plant ze in geschikte plantmanden en laat ze dicht bij elkaar in het midden van de vijver zakken.

Stephen Dalton/NHPA

Fonteinen en watervalletjes

Stromend water is altijd een fascinerend element. Fonteinen, watervalletjes en waterloopjes brengen muziek en een sprankelend effect in elke tuin, hoe klein die ook is.

Eric Crichton

Het geluid van spetterend, klaterend of kabbelend water geeft uw tuin iets betoverends. Het zonlicht creëert een waaier van flonkerende druppels in een fontein. De aanblik en het gehoor van stromend water brengen een oase van rust en schoonheid in een wereld waarin het maar al te vaak aan beide ontbreekt.

Een vijver is een bekend element in kleine tuinen; veel minder vaak komt er stromend water in voor. Als u van plan bent een dergelijke aanvulling in uw tuin op te nemen, ga dan eerst na wat er allemaal in de handel is.

Het betreft hier een speciaal gebied van het tuinieren en het loont de moeite de raad van vakmensen in te winnen. Het is ook een goed idee een bezoek te brengen aan een tuincentrum dat hierin is gespecialiseerd. U kunt er inspiratie opdoen en catalogi verzamelen. Is er bij u in de buurt niet zo'n centrum, vraag dan catalogi aan van postorderbedrijven en tuincentra om er ideeën uit te halen en de prijzen te vergelijken.

Pompkracht

U zult een pomp nodig hebben om water van de ene plaats naar de andere te laten stromen.

De keuze van een geschikte pomp is belangrijk. Er zijn pompen op de markt met een vermogen dat varieert van 50 tot 175 watt. Elke pomp kunt u zo instellen dat ze een grote hoeveelheid water over een korte afstand verplaatst of een kleinere hoeveelheid over een grotere afstand. Zo zal een pomp van 50 watt ruim 1500 liter water per uur 15 cm verderop brengen of bijna 200 liter water 1,5 m verderop. Er zijn twee soorten pompen: de ene pomp bevindt zich onder water en de andere wordt op het droge geplaatst. Pompen voor aan de oppervlakte van het water of buiten de vijver gebruiken over het algemeen minder energie dan pompen onder water. Een ander voordeel is dat u er veel gemakkelijker bij kunt als er een storing optreedt.

Een nadeel is dat oppervlaktepompen in een waterdichte en goed geventileerde behuizing geplaatst moeten worden, want vreemd genoeg raken ze gauw beschadigd als er op de

Fonteinen zijn niet alleen verfrissend, maar ook leuk om te zien en te horen. Een of twee waterspuiters kunnen de charme van een kleine vijver verhogen zonder dat er veel kosten mee zijn gemoeid.

SPETTEREND

Wanneer u eenmaal uw keuze hebt laten vallen op een fontein en de juiste pomp hebt uitgezocht, dient u nog te bepalen hoe het water zal spuiten.

Verhoudingen zijn hierbij belangrijk. Als de straal te krachtig is, is het effect overdonderend en krijgen de vijver en de hele vormgeving een overdreven karakter. Is de straal te zwak, dan maakt de fontein helemaal geen indruk meer.

Verschillende mondstukken zorgen voor prachtige effecten. Pijpjes die het water doen opborrelen, zijn geschikt voor fonteinen in de vorm van molenstenen of ronde keien en voor het voeden van watervalletjes en stroompjes.

Er zijn mondstukken die prachtige klok- en koepelvormen doen ontstaan. Meer verfijnde effecten bereikt u door een aantal spuiters achter elkaar te plaatsen die waternevels op verschillende hoogten voortbrengen. Nog fraaier is een opeenvolging van ronddraaiende waterzuilen.

Sommige spuiters combineren een klokvorm met een nevel in het midden, andere stoten schuimend water uit als lava uit een vulkaan. Ook cirkels, halve cirkels en omgekeerde kegels behoren tot de mogelijkheden.

Harry Smith Collection

verkeerde plaats water in komt. Let erop dat de pomp steeds gevoed wordt wanneer ze aanstaat, anders brandt de motor door. Onderwaterpompen zijn meestal minder krachtig, maar dit zal geen probleem zijn, tenzij u een grote, indrukwekkende fontein of waterval in uw tuin wilt aanbrengen. Ze zijn voor de meeste doeleinden geschikt en kennen een aantal voordelen: ze worden aan het zicht onttrokken, ze maken geen lawaai en ze zijn vrij gemakkelijk schoon te maken, ook al moet u ze daarvoor uit de vijver vissen. Schoonmaken hoeft niet en de kans dat de motor doorbrandt, is dan ook veel kleiner.

Geglazuurd aardewerk wordt weinig gebruikt als materiaal voor een fontein, maar door zijn kleur en glans is het er toch heel geschikt voor (rechtsboven). Hier wordt het water van het laagste naar het hoogste bekken gepompt.

Terracotta leent zich voor elke stijl, van rustiek tot klassiek (rechts). Ook deze fontein staat op zichzelf: de schaal met keitjes waarin de vaas water giet, maakt deel uit van het ontwerp.

Ook in een tuin met een zeer strakke vormgeving kunt u het geluid van stromend water aanbrengen (onder).

Harry Smith Collection

Harry Smith Collection

U kunt beter eerst beslissen welk effect u wilt en dan de pomp uitkiezen waarmee u dit kunt bereiken. Eerst een pomp kopen en dan proberen wat ze kan, is niet de beste manier. Het luistert nauw en daarom kunt u het best een expert om advies vragen. In catalogi staan duidelijke tabellen en in tuincentra werken deskundige mensen die zeker bereid zijn u te helpen.

Welk tuinelement?

Denk eerst goed na over een aantal factoren voordat u ergens aan begint. Allereerst: zal het element met bewegend wa-

Derek Gould

Een iets grotere fontein geeft een aardig verticaal accent en fleurt een donker hoekje op (boven). Dit ontwerp is kenmerkend voor de traditionele stijl, die vaak jongetjes of cherubijntjes met vissen, dolfijnen en kikkers vertoont.

ter deel uitmaken van een plas of een vijver of komt het op zichzelf te staan?

Vijvers met planten moeten in de volle zon liggen. Als dit niet kan in uw tuin, is een vrijstaande fontein de beste keuze voor u. Veel modellen zijn als bouwpakket in de handel. Er hoeft geen loodgieter aan te pas te komen; het enige wat ze nodig hebben, is elektriciteit om de pomp te laten lopen.

Veiligheid is een ander belangrijk aspect, vooral als u kleine kinderen hebt. Ook in dit geval is een vrijstaande fontein die water laat klateren zonder dat er iemand in kan verdrinken, de beste oplossing. Molenstenen of ronde keien waaruit het water opborrelt, zijn ook ideaal. Zorg er wel voor dat de elektriciteitsdraden onbereikbaar zijn voor kleine vingertjes. Op zichzelf staande fonteinen zijn geschikt voor een kleine ruimte. U kunt ze op een binnenplaatsje, in borders of onder bomen plaatsen. Als u geen stukje grond wilt missen, is een fonteintje aan de muur een leuk idee.

Een kwestie van stijl

Bedenk vervolgens welk element het mooist zal staan in uw tuin. Fonteinen kunnen ruwweg onderverdeeld worden in vier stijlen: klassiek, traditioneel, oosters en informeel. In elegante, klassieke ontwerpen staan vaak beeldjes die gehuld zijn in soepel vallende gewaden. Vaak gieten ze water uit vazen, kruiken of schelpen in het bassin of in een bekken met één of twee verdiepingen. Middenin

VEILIGHEID VOOR ALLES

STROOM EN STROMEND WATER

Verzeker u ervan dat de bedrading die u gebruikt speciaal is bedoeld voor tuinelementen waarbij water aan te pas komt. Weersta de verleiding om zelf iets in elkaar te zetten. Waterdichte en weerbestendige aansluitklemmen, draden, stekkers en contactdozen zijn absoluut noodzakelijk. Ideaal is een pomp met een laag voltage die door middel van een kabel is verbonden met een transformator in huis.

Gebruik ook stroomonderbrekers voor het geval u met de grasmaaier over de bedrading rijdt of per ongeluk een spade dwars door een kabel steekt. Controleer ten slotte of stekkers en kabels ingegraven zijn, zodat kinderen, honden en katten er niet bij kunnen.

Harry Smith Collection

Een gestileerde vis is een ander typisch traditioneel ontwerp. Hier (rechts) is het gecombineerd met een moderner idee: een met keien gevuld bassin van baksteen.

GOEDE IDEEËN

LICHT OP HET WATER

Er zijn verschillende soorten verlichting, zodat u ook 's avonds van uw fontein of waterval kunt genieten. Een buiten de vijver geplaatste lamp of schijnwerper kan de waternevel doen uitkomen. Gekleurde filters verspreiden groen, ambergeel, rood of blauw licht. Een draaiende filter brengt een hele reeks kleuren in de fontein. Heel geschikt zijn apparaten die onder water kunnen worden aangebracht; licht dat van onderen komt maakt een fontein nog indrukwekkender. Ook in dit geval kan een filter het licht een bepaalde kleur geven. Er zijn fonteinen waarbij de verlichting in het ontwerp is opgenomen.

Tania Midgley

een formele tuin of een vijver staan ze prachtig, maar in een plas met wilde planten en dieren zijn ze volkomen misplaatst. Traditionele ontwerpen zijn meestal minder imposant. Cherubijntjes, gestileerde vissen en sierlijk gevormde bloemen zijn in deze categorie rijk vertegenwoordigd. Ook deze fonteinen kunt u vaak kant en klaar kopen.

Oosterse ontwerpen passen in Japanse tuinen. Er is een groot aanbod van lantaarns, draken en pagoden. Mooi en eenvoudig is de traditionele *shishi odoshi*, een bouwsel van bamboe dat oorspronkelijk werd neergezet om vogels en andere dieren af te schrikken.

Het water stroomt hierbij zachtjes in een in balans hangende buis van bamboe. Als ze vol is, kiept ze om en slaat tijdens het leeglopen op een daaronder geplaatste steen, waarna ze weer haar oorspronkelijke stand inneemt. Als u een informele of landelijke tuin hebt en er een fontein in zou willen plaatsen, is een molensteen of een ronde kei een goed idee. Het water borrelt hierbij op uit een gat in het midden en sijpelt naar de zijkanten. Ze hebben iets ruigs dat goed past in een min of meer natuurlijke omgeving.

Watervallen, cascades en stroompjes bootsen de natuur beter na dan fonteinen en zijn daarom geschikt voor een informele tuin. Een tuin waarin wilde dieren en planten welkom zijn, verdraagt niet de gekunsteldheid van een fontein. Benadruk het natuurlijke karakter van zo'n tuin door een bron, een kabbelend beekje of een waterval. Het water in de vijver krijgt er meer lucht door en zowel de eigenaar van de tuin als de bewoners van de vijver zullen ervan genieten.

Bouwpakketten voor cascades, watervallen en stroompjes,

Deze natuurlijk uitziende waterval (boven) laat in deze informele omgeving klaterend water horen.

Een andere doeltreffende oplossing is water uit een buis te laten stromen die in een bakstenen keermuur is aangebracht (onder). Zo creëert u uw eigen 'bron'.

Eric Crichton

Ron Sutherland/Garden Picture Library

Een rustiek bruggetje verhoogt de charme van een tuin waardoor een beekje stroomt (boven).

Bij fonteinen aan muren komt het water vaak uit een leeuwebek (onder). Gewoonlijk druppelt het in een bekken en wordt het opnieuw gebruikt.

inclusief bekledingsmateriaal en pompen, zijn bijna overal te koop en gemakkelijk te installeren. Een andere mogelijkheid is zelf iets te maken. Dat vereist wel enige handigheid en een goede voorbereiding. Het voordeel is dat het ontwerp niet vastligt. Bovendien zullen er na verloop van tijd (korst)mossen gaan groeien op de echte gesteenten, wat het geheel een natuurlijke aanblik geeft.

In de afgelopen jaren zijn de bouwpakketten steeds beter geworden. Er zijn nu geavanceerde ontwerpen in diverse stijlen, zodat iedereen wel iets van zijn of haar gading kan vinden.

Bouwpakketten voor op zichzelf staande fonteinen zijn ideaal voor de amateur. Ze zijn gemakkelijk te installeren en gebruiken steeds weer hetzelfde water. Ook het onderhoud is gemakkelijk, als u tenminste de aanwijzingen van de fabrikant opvolgt.

Materialen

Er zijn verschillende soorten materiaal; uw keuze zal afhangen van uw wensen en uw financiële mogelijkheden. Gereconstrueerd steen is het duurst, maar heeft het voordeel dat er mettertijd een laag (korst)mos op komt, waardoor het er oud uit gaat zien. De meeste fonteinen zijn gemaakt van dit duurzame materiaal en zijn gegarandeerd vorstbestendig.

Betonnen fonteinen en beelden zijn goedkoper dan stenen, maar er groeit geen mos op, tenzij er een speciale laag op is aangebracht.

Ornamenten van fiberglas zijn ook minder duur dan stenen en bovendien veel lichter, wat voor een balkon een voordeel is. Dit materiaal kan een heel goede imitatie van echt steen zijn en is heel geschikt voor geprefabriceerde watervallen, beekjes en molenstenen.

Stevig, in vorm gegoten plastic is de goedkoopste oplossing. Dit materiaal wordt veel gebruikt voor waterlopen en watervallen. Maskeer het een beetje door op strategische plaatsen stenen, keien en grind aan te brengen, want het ziet er niet echt natuurlijk uit.

Harry Smith Collection

TUINTIPS

RUIMTE-BESPAARDERS

Als ruimte zeer schaars is, is het plaatsen van een fontein tegen een muur het overwegen waard. Bij zulke fonteinen stroomt het water meestal uit een decoratief element en komt het in een bassin terecht, vanwaar het terugstroomt en weer in het systeem wordt opgenomen. Op een patio of in een ommuurde tuin staat zo'n fontein heel mooi.

Een bed voor rotsplanten

Rotsplanten oefenen al generaties lang een speciale aantrekkingskracht uit op tuiniers. De tere schoonheid ervan geeft zelfs de kleinste tuin bekoring.

Photos Horticultural

Rotsplanten horen thuis in de bergen, zoals de naam al zegt. In het wild groeien ze in het gebied boven de boomgrens en onder de grens van de eeuwige sneeuw.

Tegenwoordig wordt echter in tuincentra elke lage, kruipende of kussenvormende plant die bestand is tegen extreme temperaturen aangeduid als een rotsplant.

Alpen- of rotsplanten zijn vooral geschikt voor kleine tuinen. Ze nemen heel weinig ruimte in beslag en bieden een grote verscheidenheid van kleuren en vormen. Bovendien kennen ze verschillende bloeiperioden. Als u ze zorgvuldig uitzoekt, kunt u er in elk jaargetijde plezier aan beleven.

Mensen met weinig ervaring in tuinieren, zijn misschien wat huiverig voor het kweken van rotsplanten, want ze staan bekend als moeilijke planten.

Iedereen die een tuin heeft, zal een opgehoogd bed met dwergconiferen en rotsplanten (boven) aantrekkelijk vinden. Voor een fraaie aanblik laat u de planten over de zijkanten hangen.

AANBEVOLEN VARIETEITEN

MUURBLOEMEN

- Klokjesbloemen zoals *Campanula cochleariifolia* of *C. portenschlagiana* doen het uitstekend tussen de stenen. Ze dragen in de zomer en de herfst veel blauwe of lila bloemen.
- Sommige geraniums of ooievaarsbekken doen het ook goed. Voor volle roze bloemen in de zomer kiest u *G. dalmaticum*; 'Album' is een witte variëteit.
- *Erinus alpinus* draagt in de lente en de zomer prachtige rozerode bloemen. De variëteit 'Albus' is zuiver wit.
- Veel soorten steenbreek (*Saxifraga* spp.) groeien bij voorkeur in rotsspleten. Neem *S. callosa lantoscana*, *S. cotyledon* of *S. longifolia*.

Collections/Patrick Johns

Van oudsher worden rotsplanten in rotstuinen gekweekt in een poging hun natuurlijke omgeving na te bootsen. Dit kan er heel aardig uitzien, maar heeft ook nadelen.

Een rotstuin is een dure manier om rotsplanten te kweken; rotsen van goede kwaliteit zijn nogal prijzig. Op en rond de plek waar het rotstuintje komt, mag geen spoor van meerjarig onkruid zoals zevenblad overblijven, anders wordt uw bed overwoekerd.

Evenwicht in de tuin

Misschien past een rotstuin helemaal niet in uw tuin. Vooral wanneer u een kleine tuin hebt, kan een rotstuin de verhoudingen verstoren, ook al hebt u er

Sommige stellen inderdaad nogal wat eisen, maar er bestaan ook veel soorten die echt overal gedijen.

Gulden regels

De eerste gulden regel is dat rotsplanten een goede afwatering nodig hebben. Als uw tuin een zware kleibodem heeft, is het gebruik van grof zand en kiezel noodzakelijk.

Een andere mogelijkheid is uw rotsplanten in een bak, een teil, een pot of een opgehoogd bed te zetten. Wees niet zuinig met potscherven en zet bakken op bakstenen, zodat het water goed weg kan lopen.

Bij het vullen van kuipen is de succesformule de toevoeging van een flinke hoeveelheid kiezelzand aan goede potaarde. U kunt ook zelf een mengsel maken van gelijke delen leem, turfmolm en grof kiezelzand.

De tweede gulden regel is dat u een geschikte plek voor de rotsplanten uitkiest. Hoewel er soorten zijn die een beetje schaduw verdragen, geven de meeste de voorkeur aan een open, zonnige standplaats. Leg nooit een bed met rotsplanten onder bomen aan.

Photos Horticultural

Andrew Lawson

> **GOEDE IDEEËN**
>
> **KOUDE KAS**
>
> Hebt u geen ruimte voor een echte kas voor de niet-winterharde planten? Geen nood, een koude kas volstaat. Plant ze in een bed van leem, turf en grof zand. Leg er een glasplaat over, die u weghaalt als ze geen beschutting meer nodig hebben.

nog zo'n geschikte plek voor uitgezocht. Er zijn verscheidene alternatieven voor een rotstuin die zowel spannend als mooi zijn. Opgehoogde bedden vormen een prima omlijsting voor rotsplanten en zijn gemakkelijker in onderhoud, omdat u minder ver hoeft te bukken. Als het bed op een hoogte van 45 tot 90 cm is gebracht, zijn de planten bovendien beter te zien.

Opgehoogde bedden

Een van de aantrekkelijke kanten van een opgehoogd bed is dat u zich bij de beplanting niet tot het bed zelf hoeft te beperken; ook langs de randen kunt u plantjes poten, wat een schitterend effect geeft.

Doe dit bij voorkeur tijdens het aanleggen van het bed. De wortels van de planten moeten zich goed in de bodem vastzet-

John Glover/Garden Picture Library

Bossen klokjesbloemen van de soort Campanula cochleariifolia *'Oakington Blue' (linksboven). Deze rotsplant stelt weinig eisen. Het is een dwergsoort met taaie stengels, die 10 tot 15 cm hoog wordt.*

Erinus alpinus *bloeit vanaf de lente tot in de late zomer. De roze sterretjes (boven) staan hier prachtig tussen* Saxifraga, Dianthus *en* Veronica. *Op een zonnige plek kan dit plantje het lang uithouden.*

Heel bijzonder is Penstemon rupicola *(uiterst links), die zich in de vroege zomer tooit met karmijnroze bloemen. Deze uitwaaierende rotsplant houdt niet van nattigheid en doet het het best op een beschut plekje.*

Deze tuin (links) is een schitterende mengeling van rotsplanten en coniferen; hij laat zien wat u kunt doen met een beperkte ruimte. De plekjes in de tuin waar rotsplanten groeien, hebben altijd een eigen karakter.

> **AANBEVOLEN VARIETEITEN**
>
> **SCHADUWMINNENDE PLANTEN**
>
> De meeste rotsplanten houden van zon, maar sommige verdragen ook schaduw.
>
> - Winterharde cyclaamvariëteiten vrolijken beschaduwde plekjes op met hun rozerode bloemen.
> - *Gentiana sino-ornata* draagt in de herfst blauwe bloemen met geelgroene streepjes. Ze houdt van halfschaduw en kalkarme grond.
> - De meeste echte viooltjes uit de familie *Viola* gedijen in de schaduw en verspreiden een heerlijke geur.

TUINTIPS

WATER EN VOEDING

Enkele uren voordat u rotsplanten uitplant, geeft u ze water.

Begiet bedden met rotsplanten bij droog weer en dien vloeibaar plantenvoedsel toe.

Bemest bestaande bedden in het vroege voorjaar met beendermeel.

Bij warm weer is het heel belangrijk rotsplanten regelmatig te begieten, ook 's avonds (rechts). In perioden met koud weer en 's winters hoeft u de compostlaag alleen maar vochtig te houden. Wanneer de planten uitlopen, geeft u weer meer water. Rotsplanten als Primula cortusoides *(onder) hebben humusrijke grond nodig.*

Photos Horticultural

ten, zodat er geen holten zijn waarin water blijft staan. Rotsplanten gaan rotten als ze doorweekte wortels hebben. Het beste materiaal voor het aanleggen van een opgehoogd bed is natuursteen.

Bed van bakstenen

Het op een na beste bouwmateriaal is in de zon gedroogde bakstenen. De eenvormigheid ervan kunt u verdoezelen door een paar planten vlak bij de zijkanten van het bed te zetten, zodat ze over de randen groeien. Op dit thema kunt u voortborduren door tijdens het bouwen ook de muren te beplanten. Na een tijdje zullen de planten een adembenemende waterval van bloemen en bladeren vormen.

Betonblokken zijn ook geschikt, maar ook dit vrij ruwe materiaal zult u moeten verzachten, op precies dezelfde manier als het bakstenen bed.

Ook van oude bielzen kunt u een opgehoogd bed maken, maar het is niet mogelijk de opstaande kanten te beplanten. Verzacht de vormen ervan door er planten overheen te laten kruipen.

Pad met rotsplanten

Rotsplanten zullen zich tussen de tegels van een patio echt thuis voelen, want in hun natuurlijke omgeving groeien veel van deze planten in rotsspleten. Bovendien voorkomen ze het oprukken van onkruid en gras tussen de stenen. Kies planten als steenbreek, *Cotula*, *Raoulia*, floxen en schildpadbloemen. In het blok 'Project' vindt u nadere details over het leggen van een pad met rotsplanten. U kunt

S & O Mathews

Eric Crichton

Grindbedden met rotsplanten (links) vormen een eenvoudig alternatief voor een rotstuin. De aanleg is ook goedkoper. Het materiaal heeft veel weg van de afgesleten steentjes in een kiezelbed. In de meeste tuincentra is grind verkrijgbaar. Voor een bed met rotsplanten brengt u een grindlaag aan van 30 cm diep. Als het water niet goed wegloopt, doe er dan een laag puin bij.

ook allerlei laagblijvende kruiden planten, zoals tijm, munt en kamille. Later zult u dan bij elke stap die u op het pad zet een heerlijke geur ruiken.

Poot in de bredere spleten bolletjes, bij voorkeur van planten die in de herfst of de winter bloeien, zodat het pad ook in deze doodse maanden wordt opgefleurd. Irissen, tulpen, *Scilla*, narcissen en krokussen zullen het op een patio goed doen. Wanneer de bolplanten afsterven, kunt u eenjarigen in gedempte tinten planten.

Puin en kiezel

Ook een puinbed is interessant om te beplanten. Het belangrijkste is dat het water weg kan. Als uw tuin een zware bodem heeft, bijvoorbeeld van klei, biedt een lichte helling uitkomst. Op een stuk grond met een goede afwatering kunt u een vlak of verzonken puinbed aanleggen. Een goed standaardmengsel is drie delen grind of steengruis op één deel leem en één deel turf. Bovenop stort u een laag gruis.

Een kiezelbed is bijna hetzelfde, alleen bestaat de bovenste laag uit strandkeitjes. Bij het inbedden van de planten brengt u rond de wortels extra aarde aan. De structuur van de stenen steekt prachtig af tegen het fijne blad en de tere bloemen van rotsplanten.

PROJECT — EEN PAD MET ROTSPLANTEN

1 Hark 5 cm grof zand door 10 cm aarde. Verspreid dezelfde hoeveelheid zand en leg er stapstenen op.

2 Leg de stenen een eindje van elkaar af en strooi grind in de tussenruimten en langs de kanten. De grindlaag moet stevig zijn, maar niet al te zwaar en compact.

3 Plant de rotsplanten en de lage kruidachtige planten die geschikt zijn tussen de tegels. Zorg ervoor dat de plantjes genoeg ruimte hebben om te groeien.

4 Leg stenen en keien langs het pad of bouw een muurtje om het geheel aantrekkelijker te maken.

Een rotstuin aanleggen

Een rotspartij zorgt voor een fascinerend stukje tuin waarin u al uw creativiteit kwijt kunt.

De eerste rotstuinen zagen eruit als bergen in het klein –sommige waren zelfs voorzien van poppen die bergbeklimmers voorstelden–, zodat de planten die erin stonden veel te groot waren. Het idee sloeg aan en er kwamen steeds meer rotstuinen, die minder fantastisch waren dan de eerste en vaak zelfs fantasieloos. Tegenwoordig zijn tuiniers afgestapt van deze lelijke, met rotsblokken en *Aubrieta* bezaaide hopen aarde.

De rotstuinen van nu zien er veel natuurlijker uit. Stukken rots en steen worden zorgvuldig in de bodem aangebracht en bootsen de natuurlijke omstandigheden na. Plantjes groeien in de scheuren en spleten, waar ze koele en vochtige plaatsen vinden. Aan de grond is gruis toegevoegd, zodat het water goed weg kan lopen, net als in de oorspronkelijke leefomgeving van de planten.

Nabootsing van de natuur

Alpenplanten zijn ideale rotsplanten, maar rotstuinen hoeven niet op de Alpen geïnspireerd te zijn. De bergachtige streken van welk gebied dan ook kunnen als voorbeeld dienen, evenals begroeide puinhellingen.

De sleutel tot succes is de natuur na te bootsen, zodat u een goede omgeving voor bergplanten schept, waar ze jarenlang zullen groeien en bloeien. Natuurlijk moeten de planten die u kiest in verhouding staan tot de afmetingen van uw rotstuin. Probeer kruipende planten die een kleine ruimte gauw in beslag nemen, te mijden. Kies ook

Brian Carter/Garden Picture Library

Pat Brindley

In een goed ontwikkelde rotstuin (links) doet een kleurig bloementapijt het karakter van het steen nog beter uitkomen. Een ornament als dit vogelbad, van ongeveer dezelfde soort steen, is een goede aanvulling.

De laagblijvende spar Picea abies *'Pumila' (boven) vormt altijdgroene heuveltjes.*

De rotsprimula P. auricula *(rechts) is verkrijgbaar in verschillende tinten blauw, rood en geel.*

Slechts weinig natuurlijke kleuren kunnen het hemelsblauw van gentianen evenaren. De trompetgentiaan (Gentiana acaulis) *(onder) is gemakkelijk te kweken, maar bloeit soms een heel jaar niet.*

Andrew Lawson

Photos Horticultural

PLANTEN VOOR ROTSTUINEN

CONIFEREN EN HEESTERS

Jeneverbes	*Juniperus communis* 'Compressa'
Zilverspar	*Abies balsamea* 'Hudsonia'
Spar	*Picea abies* 'Pumila'
	P. mariana 'Nana'
Cipres	*Chamaecyparis lawsoniana* 'Minima'
	C. obtusa 'Nana Compacta'
Brem	*Cytisus ardoinii* (alpenbrem)
	C. x *beanii*
Peperboompje	*Daphne arbuscula*
	D. blagayana
Heide	*Erica carnea* (alpenhei)
	E. mackaiana
Zonneroosje	*Helianthemum alpestre*
	H. nummularium
Rododendron	*R. campylogynum*
	R. radicans
	R. 'Curlew'

BOL- EN KNOLGEWASSEN

Anemoon	*A. blanda*
Sierui	*Allium moly*
Sneeuwroem	*Chionodoxa sardensis*
	C. luciliae
Cyclamen	*C. coum*
	C. europeum
Sneeuwklokje	*Galanthus nivalis*
Iris	*I. danfordiae*
	I. histrioides
Narcis	*Narcissus cyclamineus*
	N. juncifolius
Scilla	*S. siberica*
Tulp	*Tulipa tarda*

BLOEIENDE ROTSPLANTEN

Engels gras	*Armeria maritima*
Aubrieta	*A. deltoides*
Dwergklokje	*Campanula arvatica*
	C. carpatica
Gentiaan	*Gentiana acaulis*
	G. verna
Ooievaarsbek	*Geranium cinereum*
	G. dalmaticum
Vlambloem	*P. douglasii*
	P. subulata
Bereoor	*Primula auricula* (rotssoort)
Steenbreek	*Saxifraga* diverse soorten en variëteiten
Tijm	*Thymus* diverse soorten en variëteiten

TUINPLANTJES VOOR ROTSTUINEN

(bloeien in het late voorjaar en in de zomer)

Ageratum	*Ageratum* spp.
Schildzaad	*Alyssum* spp.
Slaapmutsje	*Eschscholzia californica*
Nagelkruid	*Geum* spp.
Scheefbloem	*Iberis umbellata*
Middagbloem	*Mesembryanthemum* spp.
Vergeet-mij-nietje	*Myosotis* spp.

verschillende soorten bergplanten – het is zonde om een rotstuin alleen voor heide te gebruiken.

Hoewel een rotstuin een bergbiotoop in miniatuur blijft, kan de stijl ervan heel verschillend zijn. Er is zo'n grote verscheidenheid van planten en struiken dat u uw minituin een heel eigen karakter kunt geven. Laat de stijl die u kiest, afhangen van de vormgeving van de rest van de tuin en van de andere elementen die u wilt toevoegen.

Speciale attracties

Het kan zijn dat u een vijver wilt opnemen in de rotstuin, met een stroompje of misschien zelfs een fontein. Vreemd genoeg lijkt een fontein, die toch een kunstmatig element is, altijd in een rotstuin te passen, hoe natuurlijk die er ook uitziet.

Een van de redenen waarom de combinatie van rotstuin en water zo gewild is, is dat u de voor de vijver uitgegraven grond kunt gebruiken om de rotstuin op de gewenste hoogte te brengen. Let er dan wel op dat het geen saaie aardhoop wordt.

Als er in uw tuin een wal of oever voorkomt, hoeft u geen grote hoeveelheden aarde te verplaatsen. Aan de andere kant

Photos Horticultural

Rotstuinen worden aan de zijkanten van de tuin of achterin aangelegd. Een rotstuin kan ook als voorgrond voor de rest van de tuin dienen, met een glooiend grasveld erombeen (boven). Hier geeft een beplanting van rotsplanten en coniferen kleur en zorgt tevens voor hoogteverschillen, zodat de stenen niet opgestapeld hoeven te worden.

AANBEVOLEN STEENSOORTEN

Zandsteen Een zachte steensoort die goed verweert en er aantrekkelijk uitziet. Er zijn veel soorten en ze zijn bijna allemaal geschikt.

Kalksteen is een ideaal gesteente. De meeste soorten kalksteen verweren prachtig. Als u een harde soort neemt, kunt u er ook planten op laten groeien die niet van kalk houden.

Er zijn ook kalksteenplaten in de handel die gehouwen zijn van gesteente dat in de IJstijd is gevormd en waarop zeldzame wilde bloemen groeien. Koop deze platen daarom liever niet.

Tuf is een heel zachte soort kalksteen waarin u zo rotsplanten kunt zetten. Voor een rotstuin is het misschien wel de allerbeste steensoort, maar tuf is erg duur. Om er optimaal gebruik van te maken, moet u een echte kenner van rotsplanten zijn.

Natuursteen is heel fraai, maar in verhouding nogal duur. Voor de aanleg van een rotstuin zijn platte stukken steen ideaal.

Collections/Patrick Johns

Voor wie geen zware lasten wil tillen, zijn holle kunststenen (rechts) een goed alternatief. Ze hebben natuurlijke vormen en kleuren, maar ze verweren niet zo mooi als natuursteen.

STENEN KIEZEN

Een goede steensoort is bijna altijd duur, maar u voegt iets moois en blijvends toe aan uw tuin en daarom mag u wel wat geld besteden aan goed materiaal. Bega niet de vergissing gigantische brokken steen te kopen, ook niet als u een imposante rotspartij wilt maken. Neem liever twee of drie rotsblokken dan één heel groot blok. Tussen de spleten plaatst u planten. Neem als het even kan een steensoort die voorkomt in de streek waar u woont, want dat geeft het natuurlijkste effect.

Tania Midgley

Het is heel praktisch een vijver en een rotstuin tegelijk aan te leggen. Twee of drie rotsblokken langs de rand van de vijver maken van de twee gedeelten één harmonieus geheel (links).

Kalksteen (onder) is de beste steensoort voor een rotstuin; het is verkrijgbaar in verscheidene kleuren –in zuiver wit en in alle tinten roomwit, vaalgeel en grijs– en het verweert mooi.

is voor de aanleg van een rotstuin in een gewone vlakke tuin ook niet altijd veel graafwerk vereist. Zonder al te veel moeite kunt u een dagzomende laag nabootsen.

Daarvoor graaft u een brede, ondiepe kuil, waarachter u de aarde ophoopt. Tegen de helling aan legt u dan rotsblokken tot zo'n 60 cm hoogte en over een breedte van een meter of drie.

Dit is een uitstekende manier om een saai, vlak gazon in een interessant golvend grasveld te veranderen.

Harry Smith Collection

Ligging van de rotstuin

Wanneer u eenmaal een beslissing hebt genomen over de plaats, de vorm en de grootte van uw rotstuin, zijn er nog een paar andere zaken waar u over na moet denken.

Een rotstuin moet in de volle zon liggen. U kunt hem echter ook integreren in uw tuin en aan de beschaduwde kant een bosje of zelfs een moerasje aanleggen.

Een rotspartij hoeft niet een op zichzelf staand onderdeel van een tuin te zijn; de beste tuinen zijn juist die waarin het ene onderdeel geleidelijk in het andere overgaat.

In een goed aangelegde rotstuin, die als geheel veel zon krijgt, zullen ook altijd beschaduwde plekken voorkomen, afhankelijk van de manier waarop de stenen zijn neergelegd. Sommige rotsen zullen voor diepe schaduw zorgen, terwijl andere bepaalde planten alleen midden op de dag wat schaduw geven. De vlakkere, hogere gedeelten zullen natuurlijk altijd in de zon liggen.

Goede afwatering

Het is heel belangrijk voor rotsplanten dat het water goed wegloopt. Het heeft dan ook geen zin een rotstuin op een met water verzadigde ondergrond aan te leggen. Zelfs als u eerst een laag aarde opbrengt, zal het resultaat niet bevredigend zijn; daarom is het veel beter ofwel de grond te draineren of een minstens 45 cm diep bed te graven en dit te vullen met goed drainagemateriaal.

Vermengd door de aarde die u gebruikt, moet ook wat (kiezel)zand zitten om de afwatering te bevorderen.

MOEILIJKE GESTEENTEN

Graniet is hard en bijzonder zwaar. Vrij platte stukken van niet meer dan 30 cm in doorsnee kunt u wel gebruiken, maar het is heel moeilijk om met graniet een natuurlijk effect te bereiken. Graniet is zelden te koop.

Gips Deze helwitte steensoort, die in onhandige, bultige blokken verkrijgbaar is, verweert nooit en is en blijft dus lelijk.

Het is ook belangrijk dat u de rotstuin niet onder bomen aanlegt. Daar zullen rotsplanten niet gedijen, niet alleen vanwege de schaduw, maar ook omdat de regen wordt tegengehouden en het enige vocht dat de planten bereikt als zware druppels op ze valt.

Als u een vijver in uw rotstuin wilt opnemen, bedenk dan eerst welke vorm hij moet hebben en graaf die uit. Zorg er bij het opwerpen van de aarde voor dat de compacte grond die zich onder de bovenste laag bevindt, weggegooid of in een laag verspreid wordt (nooit op een hoop!) in het gedeelte waar de rotstuin zal komen. De reden hiervoor is dat planten niet zullen groeien in deze grond en het evenmin gemakkelijk is er rotsblokken in te leggen. Als u geen vijver wilt, zult u een uitholling moeten maken en de uitgegraven aarde voor uw rotstuin gebruiken, of tuinaarde kopen.

Vervolgens maakt u van de bovenste laag aarde een lage heuvel. Als deze klaar is en een vorm heeft die naar uw zin is, kunt u beginnen met het leggen van de stenen. Werk van onderen naar boven en controleer telkens of een rotsblok stevig ligt.

U moet erop kunnen gaan staan zonder dat het wankelt. Graaf ongeveer een derde van elk blok in en zorg ervoor dat alle rotsen iets naar achteren hellen.

Leg de rotsen in lagen, net zoals u ze in de vrije natuur ziet. Zorg ervoor dat elk rots-

Pat Brindley

Don Wildridge

PROJECT AANLEG VAN EEN ROTSTUIN

Een deel van de beplanting kunt u uitvoeren tijdens de aanleg. Plaats de ontwarde wortelkluit van de plant op een steen, leg er een andere bovenop en vul de tussenruimten op met compost. Een andere methode is de rotstuin flink te begieten en een paar dagen te wachten met beplanten. Breng op de helling een laag puin of grind aan om het onkruid minder kans te geven.

1 Zet de eerste rotsblokken stevig in de grond door de 'rotstuincompost' –één deel zand en grind op drie delen aarde– goed aan te stampen.

3 De volgende laag legt u in een bocht naar binnen en naar buiten, bijna tegen de eerste laag aan. Zo ontstaan er vlakke tussenruimten voor de beplanting.

2 Maak rondingen, zodat er niet een strakke muur ontstaat. Laat de stenen achterover hellen; het regenwater dat erlangs loopt, stroomt zo in de rotstuin.

4 Leg aan het eind van elke laag kleinere stenen. Zo lijkt het net of de rotsen in de grond verdwijnen, waardoor het geheel er natuurlijker uitziet.

Harry Smith Collection

IJsbloemen (Mesembryanthemum criniflorum) *leggen in de zomer kleurige linten over de rotstuin (boven).*

Veel rotsplanten bloeien in de lente. De aanblik van een rotstuin tijdens de eerste uitbundige bloei in het voorjaar kan overweldigend zijn (linksboven), maar neem ook zomer- en herfstbloeiers in het plantschema op.

Een alternatief voor de bonte kleurenpracht van een rotstuin vol lentebloemen is een mengeling van bloeiende rotsplanten en bladplanten (links). De blauwgroene dwergcipres Chamaecyparis lawsoniana *'Minima Glauca' en de zachtgroene spar* Picea abies *vormen een rustige achtergrond voor de witte scheefkelken* (Iberis sempervirens) *en de gele bloempjes van hertshooi* (Hypericum rhodoppeum).

blok in een goede verhouding staat tot het volgende. Laat de lagen hier en daar bij elkaar komen en onderbreek ze daarna weer, zodat er interessante vormen en vlakke, met aarde gevulde tussenruimten zullen ontstaan.

Als u vrij platte stenen gebruikt, kunt u een fascinerend bouwsel maken dat niet eens zo hoog hoeft te zijn. Als u een vijver hebt, kunt u aan één kant een klip maken en de rotspartij geleidelijk laten aflopen naar het gazon of de border.

Het uitzoeken van planten

Een rotstuinplant is elke plant die op haar plaats lijkt in een rotstuin. Welke planten u er het best kunt laten groeien, zal in zekere mate afhangen van de grootte van uw rotstuin en de soort grond (zo houden sommige planten van kalk en hebben andere er een hekel aan). Er is een grote verscheidenheid van rotsplanten en geleidelijk kunt u een hele verzameling van deze fascinerende planten opbouwen.

Aan de andere kant zijn er tal van 'gewone' planten die het ook in een rotstuin goed doen en niet te hoog worden of te welig tieren.

Het mooiste effect krijgt u als u planten van verschillende vorm en hoogte uitkiest. Vraag bij een gespecialiseerde kwekerij om advies. Combineer kussentjes vormende en kruipende soorten met vaste plantjes. Als uw rotstuin vrij groot is, zet er dan dwergstruiken en kleine coniferen tussen.

Bolgewassen passen in elke rotstuin, of deze nu klein of groot is. In de winter bloeiende akonieten, *Scilla* en hyacintjes voor de vroege lente, gevolgd door narcisjes en dwergtulpen, dan kleine irissen en ten slotte herfsttijlozen zullen het hele jaar door kleur aan uw tuin geven.

Een van de meest voorkomende fouten die mensen maken wanneer ze planten uitzoeken, is dat ze alleen soorten nemen die in het voorjaar bloeien. Maak een zorgvuldige keuze uit het grote aanbod, dan geniet u in elk jaargetijde van een kleurrijke tuin.

HOEVEELHEDEN STEEN SCHATTEN

Probeer niet te berekenen hoeveel steen u nodig zult hebben. Dat is heel moeilijk en het hangt er maar helemaal vanaf hoe de aanleg verloopt. Koop telkens een kleine hoeveelheid, zodat u niet meer uitgeeft dan nodig is.

Puinbedden

Uw tuin zal boeiender worden als u van de natuur afkijkt hoe een puinbed, waarin diverse soorten rotsplanten gedijen, eruit moet zien.

In de natuur is een puinhelling een opeenhoping van afgebrokkelde stukken steen die zich in de loop der jaren aan de voet van een hoge rots hebben verzameld.

De steenbrokken zijn grote rotsblokken, maar ook keitjes en kiezelsteentjes. Puin bevat weinig aarde en regenwater sijpelt er snel doorheen, en toch slagen veel planten erin op puin te groeien.

Dit idee kunt u in uw eigen tuin navolgen, maar dan natuurlijk op veel kleinere schaal. Een puinbed past juist heel goed in een kleine of middelgrote tuin.

Een puinbed biedt een natuurlijk uitziend thuis aan rots- of bergplanten en is vooral geschikt voor de soorten die van zeer goed gedraineerde grond houden. In uw puinbed kunt u rotsplanten van alle vormen en afmetingen laten groeien, want van nature zijn het dwergplanten. Neem bij voorkeur soorten die kussentjes of heuveltjes vormen. Ook tapijtvormende of kruipende planten zijn geschikt, mits ze andere planten niet overwoekeren.

Wat is ervoor nodig?

Voor een puinbed zijn geen speciale omstandigheden vereist. De grondsoort en de bodemgesteldheid spelen geen rol, want over het algemeen ligt het bed hoger dan de grond eromheen.

Zoek wel een zonnig plekje uit, want de meeste rotsplanten hebben veel zon nodig. Het bed mag dan ook niet overschaduwd worden door bomen of andere planten.

De stijl van uw huis geeft een aanwijzing of een puinbed iets voor u is of niet. Puinbedden passen bij de hedendaagse architectuur en zijn een uitstekende keuze voor een moderne omgeving.

Ze staan ook goed in tuinen in steden en voorsteden, maar in een landelijke tuin zijn ze minder op hun plaats.

Beplanting

Geef uw puinbed een natuurlijker aanblik door enkele steenbrokken gedeeltelijk in de grond te laten verdwijnen. Houd het, als het kan, bij dezelfde soort steen als u voor de rest van de tuin hebt gebruikt. Zoek een paar stukken steen uit die echt mooi van vorm zijn en leg ze bij elkaar neer voordat u met de beplanting van het puinbed begint.

TUINTIPS

BUREN

V Kunnen puinbedden naast traditionele bedden geplaatst worden?

A Puinbedden vormen geen goede combinatie met bedden waarin struiken, overblijvende planten en tuinplantjes staan. Geef ze liever een aparte plaats in een open gedeelte van de tuin.

Een puinbed past heel goed op een patio of in tuingedeelten waar grind is gestort. Ook op een gazon kunt u een puinbed aanleggen; gras vormt een heel natuurlijke achtergrond. Haal wel steentjes uit het gras voordat u gaat maaien.

Plant ook kleine groenblijvers met aantrekkelijk blad.

Een kleiner puinbed kan gemaakt worden van steenscherven, kiezels of grind.

Kleine kruipende variëteiten zijn op hun mooist als u ze dicht op de rots plant, waarbij sommige eroverheen hangen.

Derek Gould

Een zonnige open plaats is de perfecte plaats voor een puinbed. De meeste zijn verhoogd, maar dat is niet per se noodzakelijk.

Photos Horticultural

In hun natuurlijke habitat groeien rotsplanten op puinhellingen. Ze zijn opmerkelijk goed aangepast aan een rotsige bodem waar het water snel doorheen zakt. Ze groeien op droge plaatsen waar weinig andere planten het uithouden. Er zijn veel rotsplanten, zoals het vetkruid Sedum spathufolium *'Cape Blanca' (rechts), dat vocht opslaat in vlezige bladeren. Dit grijsblauwe vetkruid komt zo goed overeen met de rotsige achtergrond dat het lijkt alsof het van steen is. De helgele stervormige bloempjes halen de plant weer naar voren.*

Tapijtvormende planten zijn erg geschikt. Zet plantjes van één soort in groepjes van 3 of 5 bijeen om een echt kleurvlak te creëren.

Rotsblokken zijn een belangrijk onderdeel van een puinbed. Zet enkele in een groep bij elkaar en beplant ze pas daarna.

Maak in een rotsblok een gat en zet hier een klein rotsplantje in, zoals een Saxifraga *of* Sempervivum.

GOEDE IDEEËN

WELKE VORM?

Voor een puinbed dat in een formeel gedeelte of naast een patio komt te liggen, geeft u wellicht de voorkeur aan een geometrische vorm, zoals een vierkant of een rechthoek.

Een minder strakke vorm met rondingen ziet er natuurlijker uit en is geschikter voor een puinbed in een grasveld of een met grind bedekt gedeelte.

Als u een puinbed in uw tuin aanlegt, probeer dan de omstandigheden van de natuurlijke habitat na te bootsen. Of u nu een verhoogd bed maakt of een groter gedeelte van uw tuin volstort met puin (onder), zorg er vooral voor dat het water er niet in blijft staan, want rotsplanten houden niet van natte voeten! Ook belangrijk is een evenwichtige verdeling van de planten over het bed. Geef een paar rotsblokken een opvallende plaats en zet de rotsplanten er vlakbij. Zoek soorten uit die samen met de stenen voor een boeiende mengeling van kleur, vorm en textuur zorgen.

Zet sommige planten dicht tegen de stenen aan en laat enkele planten, met name tapijtvormende soorten als *Raoulia*, eroverheen groeien. Daar de meeste rotsplanten kleine plantjes zijn, verdient het aanbeveling van elke soort verscheidene exemplaren te nemen, want anders vallen ze in het niet. Probeer ze in groepjes van drie te planten. Misschien houdt u dan niet genoeg ruimte over voor een aantal andere soorten, maar het rommelige effect van een heleboel verschillende plantjes door elkaar wordt dan vermeden.

De beste tijd voor het planten van rotsplanten is van begin tot halverwege de lente. De grond is in dit jaargetijde warmer en daarom zullen de planten snel aanslaan.

Als u uw puinbed in de herfst of de winter aanlegt en vervolgens de tijd neemt om te bedenken welke soorten u nodig hebt om het door u gewenste effect te bereiken, kunt u het beste in het voorjaar met de beplanting beginnen.

Derek Gould

De beste planten

De meeste planten die u nodig hebt, zijn verkrijgbaar bij een tuincentrum. Voor een ruimere keuze kunt u een catalogus van een gespecialiseerd postorderbedrijf aanvragen.

Maak een weloverwogen keuze, zodat er interessante dingen in uw puinbed te zien zullen zijn zonder dat het een rommeltje wordt. Zorg voor een afwisseling van bodembedekkers en bladplanten en gebruik rotsplanten met ingewikkelde bladrozetten en planten die kussentjes of heuveltjes vormen.

Zoek voor de planten die de aandacht moeten trekken opvallende plaatsen uit en zet de andere plantjes eromheen.

Plant bodembedekkers niet te dicht bij de planten die als blikvangers bedoeld zijn, want dan zouden deze waardevolle exemplaren wel eens overwoekerd kunnen worden.

Reigersbek (*Erodium reichardii*) vormt een keurig bergje loof en draagt in de zomer witte of roze bloemen. Bergjasmijn (*Androsace sempervivoides*) is een groenblijvende plant met bladeren in een symmetrisch, rozetachtig patroon. In de lente komen er roze bloemen aan. Deze plant gedijt alleen op grond waarin het water heel snel wegzakt.

Lewisia cotyledon heeft vergelijkbaar vlezig blad en draagt in de vroege zomer roze of paarse bloemen op opgerichte stelen. Ook deze soort houdt van droge voeten.

Kies rozetten

Spinnewebhuislook (*Sempervivum arachnoideum*) ziet er echt uit alsof spinnen hun webben tussen de blaadjes hebben gespannen. 's Winters is de plant bedekt met witte draden en in de zomer verschijnen er rode bloemen. Een ander rozetten vormend rotsplantje dat gekweekt wordt vanwege zijn bijzondere blad en zijn mooie, gele bloemen, is *Sedum spathulifolium* 'Cape Blanco'. Het heeft vlezige, zilvergroene blaadjes met een paarsrode blos. Ook edelweiss is een gewilde rotsplant. De viltige, stervormige, witte bloemen zijn zo aardig om te zien dat dit plantje een vooraanstaande plaats verdient. De wollige, grijze bladeren vormen bosjes die tot 15 cm breed kunnen worden.

Tapijtvormende of zich snel uitbreidende planten kunt u het best vlak bij rotsblokken planten, zodat ze er al kruipend een kleurig kleed over trekken.

De klokjesbloem, *Campanula pulla*, is een tapijtvormend rots-

Neil Holmes

De hoepelroknarcis (Narcissus bulbocodium) *is een bijzondere soort uit de familie der* Amaryllidaceae. *Ze bloeit in de late winter en het prille voorjaar (boven).*

Dit puinbed (rechts) is zeer geschikt voor bloeiende rotsplantjes, want het ligt in de volle zon.

Lewisia cotyledon *(onder) houdt van een plekje in de zon waar het water snel wegloopt, zoals een puinbed. Hier heeft ze zich genesteld in een natuurstenen muur.*

Pat Brindley

Photos Horticultural

Derek Gould

KWEEKTIPS

PRAKTISCHE PUNTEN

Tenzij de grond heel goed gedraineerd is, zult u een verhoogd bed van zo'n 30 cm diep moeten maken. Stapelmuurtjes of brokken steen dienen als randen.

Stort op de bodem een 10 cm dikke laag puin. Breng daarop een goed doorlatend mengsel aan. Dat kunt u maken van 10 delen kiezel (of steenslag), 1 deel leem, 1 deel turf of een surrogaat daarvan, 1 deel scherp tuinzand (geen bouwzand) en een kleine hoeveelheid beendermeel. Schep alles goed door elkaar.

Huislook is ideaal voor puinbedden, rotstuinen en droge muren. De variëteit Sempervivum arachnoideum *(boven) wordt spinnewebhuislook genoemd, naar de ragfijne haren die zich over de blaadjes spannen. Er komen fraaie bloemen in.*

De rotsprimula is ook een plant die goed gedraineerde grond nodig heeft. Primula allionii *(onder) is een plantje van slechts 5 cm hoog, dat in de vroege lente bloeit.*

plantje met bladeren in bosjes. Aan het eind van de lente verschijnen de eerste paarse klokjes.

Dit plantje kunt u combineren met *Dianthus* x *arvernensis*, die omstreeks dezelfde tijd begint te bloeien, maar er veel langer mee doorgaat, tot in de late zomer. De roze bloemen van dit 15 cm hoge plantje verspreiden een heerlijke geur.

De mooie *Nierembergia repens* bloeit een hele tijd in de zomer. Prachtige komvormige, witte bloemen rijzen op uit een tapijt van glanzend groen blad en ke-

Neil Holmes

Harry Smith Collection

Ook in puinbedden schaadt overdaad. Een paar goed geplaatste keien en enkele eenvoudige planten geven het geheel een rustig en sereen aanzien. Alle elementen in de tuin zijn dan mooi in evenwicht. De bamboeschutting geeft een oosters accent en de moderne bank vervolmaakt de artistieke verfijning. Hosta's, coniferen, grassen en Achillea, *die voor kleur zorgt, gedijen op de goed doorlatende grond van het puinbed.*

ren zich naar de zon. *Potentilla cuneata* draagt gele bloemen in de zomer en het lijmkruid (*Silene schafta*) heeft van de vroege zomer tot het late najaar felroze bloemen. *Hypericum olympicum* is een struikachtig gewas dat voor een leuke afwisseling tussen de succulente rotsplanten zorgt. In de zomer komen er fraaie heldergele bloemen aan de maximaal 15 cm hoge en brede bosjes.

Het hele jaar door hebt u plezier van de tapijtvormende *Raoulia australis* met haar grijsgroene blaadjes die niet afvallen. Ze wordt maar 1 cm hoog, maar kan zich wel 25 cm uitspreiden.

De finishing touch

Als u klaar bent met planten, kunt u het grondoppervlak bedekken met een dunne laag –niet meer dan 1 cm– kiezelsteentjes. Een laag steenslag is eigenlijk nog beter; grof steengruis is een ander goed alternatief. Kiezel, steenslag of gruis kunt u kopen bij bouw- en tuincentra.

De laag heeft meer dan één doel: allereerst krijgt het puinbed er een natuurlijk aanzien

PROJECT

PLANTEN IN STENEN

Een origineel idee voor een puinbed is een brok steen met rotsplantjes die er echt uit groeien.

Probeer een rotsbrok te vinden met veel scheuren en spleten waarin u plantjes kunt zetten. Een geschikte steensoort is zacht kalksteen, ook wel tuf genoemd. Dit is zo zacht dat u er met een hamer en koubeitel gemakkelijk plantgaten in kunt maken; vergeet hierbij niet uw ogen te beschermen. Zet het brok steen voor ongeveer een derde in de grond.

Plaats in de gaten rotsplantjes als steenbreek en huislook. Heel geschikt is ook *Physoplexis comosa (Phytenma comosum)*, waarvan de bloemen de vorm van flesjes hebben.

- Maak de scheuren of gaten flink diep en hoekig naar het midden van de steen toe. Met een koubeitel en een moker kunt u de spleten breder maken, maar pas op dat u de steen niet doormidden slaat!
- Vul de gaten of scheuren gedeeltelijk met een mengsel van potgrond en flink wat kiezelaarde.

Druk de grond stevig aan met een stok met een stomp uiteinde.

- Haal de plantjes stuk voor stuk uit de potjes en duw de wortelkluit voorzichtig in het gat tot hij de aarde raakt.

Doe er extra aarde omheen en druk deze niet te hard aan.

- Maak het brok steen flink nat. Geef bij droog weer geregeld water om te voorkomen dat de plantjes verdorren.

ZO GEBEURD!

EEN BED OP GRONDNIVEAU

Als u zeer goed doorlatende grond hebt, bijvoorbeeld een kiezelhoudende bodem, hoeft u geen verhoogd bed aan te leggen. Baken eenvoudigweg een stuk tuin af voor rotsplanten en zet ze gewoon in de grond. Begiet ze de eerste paar dagen flink.

door. Tevens zorgt de laag voor een zeer goede drainage rond de planten, zodat ze niet kunnen gaan rotten door water dat blijft staan. Aan de andere kant voorkomt de laag dat de grond bij warm weer te snel uitdroogt.

Ten slotte belemmert ze de groei van onkruid en ongewenste zaailingen.

Let op onkruid

Als u eenmaal de omstandigheden hebt geschapen waarin de planten gedijen, zal uw puinbed niet veel verzorging meer nodig hebben, behalve op zeer warme dagen. Hoewel de planten zeer goed doorlatende grond nodig hebben, wil dat niet zeggen dat ze aan watergebrek mogen lijden. In droge perioden in de zomer begiet u het puinbed flink, het liefst met een tuinsproeier.

Graaf het onkruid voorzichtig uit om de rotsplanten in uw puinbed te ontzien. Let vooral op meerjarige onkruidsoorten en trek ze uit wanneer de plantjes nog klein zijn. Mocht er zich toch één hardnekkig tussen uw planten nestelen, strijk dan met behulp van een kwastje wat verdelgingsmiddel over het onkruid.

U kunt ook het onkruid en de plant samen opgraven en de wortels van het onkruid verwijderen voordat u de plant weer in de grond zet. Het geheel blijft er netjes uitzien als u telkens de verwelkte bloemen weghaalt.

Na een paar jaar wordt het bed misschien te vol. Van begin tot halverwege de lente kunt u dan de planten uit de grond halen en in kleinere stukken verdelen.

Het middelste gedeelte van elke plant gooit u weg en de rest plant u weer.

Hoewel puinbedden meer bij een moderne architectuur passen, kunnen ze met een goed gekozen beplanting ook iets landelijks hebben. Dit puinbed (onder) sluit aan bij een plaatsje en vormt een mooie overgang van de tegels naar het bloembed achterin. Het vingerhoedskruid (Digitalis purpurea) *rijst hoog op en geeft met zijn tere roze, paarse en roomwit gespikkelde bloemen extra charme aan de tuin.*

PERFECTE PLANTEN

Marijke Heuff/The Garden Picture Library

Hieronder vindt u een lijstje van gemakkelijke planten die geschikt zijn voor een puinbed en die in elk tuincentrum verkrijgbaar zijn.

- *Dianthus* x *arvernensis* (boven)
- reigersbek (*Erodium reichardii*)
- *Hypericum olympicum*
- muurpeper (*Sedum spathulifolium* 'Cape Blanco')
- vijfvingerkruid (*Potentilla cuneata*)
- steenbreek (*Saxifraga* x *apiculata*)

Harry Smith Collection

Een verdiepte tuin aanleggen

Een verdiepte tuin is niet alleen een ideale invulling van een natuurlijke uitholling, maar kan ook dienen om een vlak stuk grond reliëf en inhoud te geven.

Verdiepte tuinen hebben hun eigen bekoring. Zittend in zo'n tuin kunt u zich ontspannen in uw eigen zonnige hoekje, beschut tegen wind en lawaai. De mooiste verdiepte tuinen zijn afgesloten van de omgeving.

Verdiepte tuinen waren 50 jaar geleden algemeen in formele en semi-formele tuinen. De traditionele verzonken tuin was een rond of vierkant gedeelte dat meer dan een meter lager lag dan de tuin eromheen. In de stenen muurtjes of de rotspartijen aan de zijkanten liet men planten groeien, en in het verdiepte deel zelf was een gazon, een zitje en soms een strak vormgegeven vijver in het midden.

Ongedwongenheid

Verdiepte tuinen hoeven niet formeel te zijn. Het idee dat aan

Harry Smith Collection

TUINTIPS

VIJVERS IN VERDIEPTE TUINEN

- Vermijd dat uw vijver wordt besmet of vertroebeld door 'ongecontroleerd water', vooral als u er vissen in wilt houden.
- Laat de randen van een formele vijver boven het aardoppervlak van de tuin uitrijzen met een 30 cm hoge muur van (bak)steen of beton.
- In een informele omgeving kunt u beter een moerastuin nemen als er regenwater in de vijver loopt, waardoor hij kan overstromen. Een andere mogelijkheid is de vijver een stukje boven het aardoppervlak aan te leggen.
- Bedek de bodem van de vijver — óók in een wilde tuin en bij een kleibodem.

Peter McHoy

Een verzonken tuin kan een centraal element zijn of subtiel worden ingepast. Als uw verdiepte tuin veel steen en beton bevat, zal het contrast met de omgeving groter zijn. De verdiepte tuin rechts is goed opgenomen in de omgeving; de bedden aan de zijkanten vormen een goede overgang naar het grasveld.

Tania Midgley

Deze traditionele formele tuin (boven) ligt achter een herenhuis. Het verdiepte gedeelte wordt omgeven door hoge heggen met aan één kant een rij linden waarvan de takken ineengevlochten zijn. Het verdiepte deel heeft drie niveaus met gazons en bedden. Stenen treden dalen af naar een pad met aan weerszijden in vorm gesnoeide buxus.

Stenen muurtjes, hier met een bovenkant van bakstenen (onder), passen altijd goed in een tuin. Dit ommuurde pad wordt geaccentueerd door de bedden op te hogen tot aan de randen.

een verdiepte tuin ten grondslag ligt, is een uitholling in de bodem te beplanten. Dit kan passen bij veel verschillende tuinstijlen. Ook in een informele en zelfs in een wilde tuin kunt u een klein verdiept gedeelte aanleggen.

Het situeren van verdiepte tuinen

U hebt alleen een beetje fantasie en een paar goede ideeën nodig om profijt te trekken van een problematisch stukje tuin!

Het is van belang een plaats uit te zoeken waar het water goed wegloopt, anders loopt u het risico dat uw verzonken tuin de hele winter blank staat. De beste plaatsen liggen op een hoger peil dan het land eromheen, op een aardhoop of op een helling bijvoorbeeld. Grindhoudende of zanderige grond is een voordeel.

Leg liever geen verdiepte tuin aan op zware kleigrond of op plaatsen met een hoge grondwaterspiegel, tenzij u een moerastuin wilt.

U kunt een proef nemen door in de winter een gat te graven – loopt het vol water en blijft het erin staan, dan is de kans groot dat de grondwaterspiegel hoog is.

Traditionele stijl

De traditionele, formele verzonken tuin werd vroeger in het midden van een grotere semi-formele tuin gesitueerd, met gras en paden en een muur of struikgewas eromheen. Om in de tuin te komen, moest men een trapje afdalen. De muren van het verdiepte gedeelte waren van natuur- of baksteen. De tuin was bekleed met heel kort gemaaid gras. In het midden lag een ronde of vierkante vijver, met een fontein of een standbeeld, en er waren strak vormgegeven bedden met eenjarigen of lage, vaste planten. U kunt dit voorbeeld navolgen en een hele tuin op deze manier inrichten.

In zo'n tuin horen een in vorm gesnoeide boom, in de grond of in een pot, en een zitje op een paar tegels. Langs de randen staan met dwergbuxus afgezette bloembedden heel mooi.

Een bestrate tuin

Een bestrate tuin, die altijd enigszins formeel is, kan een hele binnenplaats achter een huis in de stad of een kleine voortuin in beslag nemen, maar ook een apart element in een grotere tuin vormen. Bestraat het tuingedeelte met bakstenen, keitjes of tegels, in een patroon dat de vorm van de binnenplaats benadrukt. Zo kunt u in een ronde tuin bakstenen in concentrische cirkels leggen.

Neil Holmes

DE AANLEG VAN EEN FORMELE VERDIEPTE TUIN

- Kies een ronde, ovale, vierkante of langwerpige vorm.
- Graaf de grond uit tot 1,5 à 1,8 m diepte, zodat uw hoofd niet boven de rand uitsteekt wanneer u zit. Als de uitholling minder diep is, kunt u er een lage muur of heg omheen plaatsen.
- Verstevig de binnenkant van het verdiepte deel met muren van (bak)steen.
- Maak voor een semi-formele tuin de zijmuren glooiend en bekleed ze met rotsachtig gesteente.
- Als u de verzonken tuin wilt beplanten, dient u voor een goede afwatering te zorgen. Maak het gat 30 cm dieper dan nodig is; stort er 15 cm puin en vervolgens 5 cm grind in en dek dit af met een flinke laag tuinaarde.

Derek Gould

Zet er een bank of een tuinzitje in en maak langs de rand een muurtje of plant er struiken. Verfraai het geheel met groepen planten met interessante vormen, zoals phormium of winterharde yucca (*Yucca filamentosa*).

Een verzonken tuin op een zonnige plaats is heel geschikt voor rotsplanten. U kunt ze in de stapelmuurtjes langs de zijkanten planten of in een van de muurtjes.

Rotstuinen

Plant soorten die van de zon houden in muurtjes waar minstens de halve dag de zon op staat. Geef kleine winterharde varens en schaduwminnende planten die in rotsspleten groeien, zoals *Ramonda* en *Haberlea*, een plaatsje op het noorden.

> **GOEDE IDEEËN**
>
> **EEN MOERASTUIN**
>
> Een moerastuin is een ideale manier om een verzonken tuin op natte grond te beplanten. Neem vochtminnende planten als *Inula, Buphthalmum, Primula candelabra, Iris laevigata*-hybriden, *Juncus effusus* 'Spiralis', dotterbloemen en kattestaarten.

U kunt de tuin bestraten of een aantal grindpaden aanleggen tussen verhoogde bedden of half boven de grond uitstekende rotspartijen. Een ander idee is de aanleg van een terrasje met daarnaast enkele lagere gedeelten.

Mediterrane stijl

Kruiden uit het Middellandse-Zeegebied, overblijvende planten met zilvergrijs blad en minder vorstbestendige planten, zoals meerjarige salie, *Gazania*, *Osteospermum*, *Pelargonium* en veel andere soorten met felle kleuren, doen het allemaal goed in een zonnige, verdiepte tuin. *Gazania* en *Pelargonium* zult u moeten laten overwinteren op een vorstvrije plaats. De stijl kan formeel of informeel zijn, afhankelijk van de manier waarop u de tuin aanlegt. Welke stijl u ook kiest, vergeet niet dat deze planten niet van natte voeten houden. Plant ze daarom liever niet in de grond, maar laat ze in muurtjes of tussen rotsblokken groeien, of zet ze in potten of bakken. Gebruik tegels of grind voor de vloer van de tuin – ze weerkaatsen warmte en licht.

Wilde tuinen

Een verzonken wilde tuin moet er zo natuurlijk mogelijk uitzien. Hij zou vol bloemen kunnen staan, met daartussen een kronkelend paadje. En er zou een kleine, met schorssnippers bestrooide open plek kunnen zijn, met een omgevallen boomstam waarop u kunt zitten. U kunt ook een grasveld met wilde bloemen inzaaien. Kies daar

Neil Holmes

Pat Brindley

ALS U VOOR EEN INFORMELE STIJL KIEST

- Laat natuurlijke uithollingen zo veel mogelijk intact.
- Kies een eenvoudige, golvende vorm als u zelf een uitholling maakt.
- Vermijd ingewikkelde vormen; de randen van de tuin kunnen dan te zwak worden.
- Maak de zijkanten glooiend; dat staat natuurlijker en maakt de beplanting ervan gemakkelijker.
- Verstevig de zijkanten met rotsbrokken of stapelmuurtjes. U kunt ze ook terrasvormig aanleggen, met een aantal bedden boven elkaar en elk met een keermuur.
- Verstevig de rand van de tuin met tegels op een ter plaatse verharde ondergrond. Een andere mogelijkheid is een dichte beplanting, zodat de mensen niet bij de rand kunnen komen.
- Maak de bodem van de verdiepte tuin niet helemaal vlak, want dat staat onnatuurlijk.

Gazania's (linksboven) geven kleur en fleur aan een hoekje in een verzonken tuin. Ze kunnen het best als eenjarigen behandeld worden, behalve in streken met een heel zacht klimaat. Dit is de variëteit 'Freddie'.

Tot de vele variëteiten die de saliefamilie kent, behoren zowel een- en tweejarigen als vaste planten en zelfs altijdgroene heesters. Ze hebben opvallende bloemen en zijn ideaal voor een bed in een verzonken tuin. Dit is de Salvia sylvestris *'Mainacht'.*

Of uw verzonken tuin nu formeel is, zoals hier (boven), of informeel, plaats een bank of zitje op een zonnig plekje uit de wind.

Als uw hele tuin op een helling ligt, kunt u in het lagere gedeelte een verdiepte tuin maken (rechts).

voor vochtminnende soorten als de bodem van uw verdiepte tuin nat is in de winter. Maak rond de bloemenwei iets verhoogde bloembedden, met randen van houtblokken, voor hoger opschietende soorten.

Als de uitholling de vorm van een vallei heeft, zouden slingerpaden over met gras begroeide glooiingen de tuin in kunnen leiden. In de bochten laat u dan massa's hoge bloeiende planten groeien, zoals het wilgeroosje, of inheemse heesters zoals *Viburnum opulus*. Het zicht op de tuin wordt zo langzaam prijsgegeven.

Een verzonken tuin moet eigenlijk een toevluchtsoord zijn, een vredige plek waar iemand graag komt.

Andrew Lawson

Een mediterrane tuin

Eenvoudige veranderingen –witte verf, potten van terracotta, grind en enkele exotische planten– kunnen in uw tuin de sfeer van het zonovergoten Middellandse-Zeegebied oproepen.

Eric Crichton

Witte muren, rode dakpannen, terracotta bloempotten vol eenjarigen, lichtgekleurd grind en donkere coniferen; al deze elementen ademen een mediterrane sfeer uit. Toch bevindt deze tuin zich in het zuiden van Engeland, dat een gematigd klimaat kent.

In de landen rond de Middellandse Zee is door de verschillen in cultuur en klimaat een volkomen andere stijl van tuinieren ontstaan. Deze stijl kan evenwel in gematigde streken vrij eenvoudig worden nagevolgd. De aanpassingen zijn helemaal niet zo moeilijk en ideaal voor een beperkte ruimte.

Als u wat minder ambitieus te werk wilt gaan, geeft u alleen een gedeelte van uw tuin een mediterrane aanblik – bijvoorbeeld de voortuin of de patio.

Wat is nu eigenlijk een mediterrane tuin? Natuurlijk verschillen de tuinen onderling, maar zoals u zich wellicht van vakanties herinnert, zijn de meeste heel formeel, met geometrische vormen –vierkante, rechthoekige of ronde bedden en rechte paden– in plaats van gebogen lijnen en golvingen.

Het gazon schittert door afwezigheid: het is te droog voor groen gras. Grind en plaveisel nemen de plaats van gras in, waardoor paden goed aansluiten bij open tuingedeelten en ook kleine percelen ruim lijken.

Zonnige tuinen

Veel van deze tuinen krijgen heel veel zon, omsloten als ze zijn door hoge witte muren. Op de daken liggen rode dakpannen. Poortjes laten een glimp zien van al het verrukkelijke dat erachter ligt.

Andere kenmerkende elementen zijn de geraniums, die neerhangen van het balkon of in sierpotten van terracotta staan, formele vijvertjes en fonteinen, planten met spitse bladeren zoals yucca's en *Phormium*, en zuilvormige bomen, vooral donkere cipressen, die scherp aftekenen tegen een stralend blauwe hemel.

Omheiningen

Als uw tuin ommuurd is, of althans voor een deel, kunt u meteen beginnen. Schilder de muren wit –met twee of drie lagen emulgerende verf voor buiten– en leg eventueel op daken rode dakpannen.

Tenzij de schutting onlangs met creosoot is behandeld, kan ze wit geschilderd worden met verf op waterbasis die speciaal geschikt is voor hout. Het effect zal niet precies hetzelfde zijn, maar witte verf zorgt wel voor de extra weerkaatsing van licht, die noodzakelijk is om de tuin zonniger te doen lijken.

Traditionele ligusterhagen passen niet echt bij de mediterrane stijl, maar een rij coniferen, vooral donkere, staat heel goed. Als u al een ligusterhaag hebt, zorg dan dat die altijd keurig geknipt is. Voor een nog formeler aanzien kunt u de heg ook in een geometrische vorm knippen.

Een andere mogelijkheid is het optrekken van een nieuwe muur dwars door de tuin om een mediterraan tuingedeelte af te scheiden. Gebruik daarvoor

Photos Horticultural

Goed gekozen planten geven nog meer warmte. Perkplanten en eenjarigen in felle kleuren –rode, oranje en gele tinten– zijn het beste. Rijk bloeiende planten zoals petunia's en geraniums geven een optimaal effect, vooral als ze afsteken tegen witte muren en licht grind (boven).

TUINTIPS

GEURIGE TUIN

Vergeet niet uw mediterrane tuin geur te geven; plant tijm, marjolein en rozemarijn. Om de kruiden zo veel mogelijk te doen geuren, zet u ze op een zonnige plek met tegels of rotsbrokken erachter die de warmte vasthouden.

Daarnaast kunt u welriekende heesters zoals seringen, *Philadelphus* en Mexicaanse oranjebloesem (*Choisya ternata*) een plaatsje in de tuin geven en geurige rozen aanplanten.

Pat Brindley

Heel geschikt als kuipplanten in een mediterrane tuin zijn succulenten, zoals agaven. Dit is de variëteit 'Variegata' (links) van de Agave americana.

MEDITERRAANS IN HET KLEIN

GOEDE IDEEËN

Om een donker binnenplaatsje of een deel van een souterrain een mediterraans aanzien te geven, maakt u eerst de kleur van het geheel lichter. Verf muren wit en/of breng een laag grind aan. U kunt ook lichtgekleurde tegels leggen. Met een mengsel van water en bleekwater (1:1) boent u groenige aanslag van bestrating en metselwerk af. Snoei bomen en dun ze uit, zodat er meer licht in de tuin komt en dek lelijke dingen af met witgeverfd latwerk. Zet het hoekje vol felgekleurde eenjarigen en altijdgroene, architectonische planten in terracotta potten.

betonnen muurblokken, ruw bepleisterd en met een kap van dakpannen. Maak de muur zo'n 1,8 m hoog. Als u siersteenen met gaten erin gebruikt, krijgt de muur een Spaanse aanblik.

Als dit allemaal niet mogelijk is, verf dan het onderste gedeelte van de muur van uw huis wit – echte of namaakluiken versterken de mediterrane indruk.

Grind geeft de bodem het aanzien van de droge, schrale grond in mediterrane streken en

In het Middellandse-Zeegebied worden tuinen als kamers in de open lucht beschouwd, daarom horen meubelen in de tuin (rechts). Een parasol mag niet ontbreken, ook al vraagt het klimaat ter plaatse er niet om.

Geur is even belangrijk als kleur. De bloemen en het blad van Lonicera japonica *'Aureoreticulata' (onder) zorgen voor beide, zelfs op een beschaduwde plaats op het noorden.*

Photos Horticultural

Photos Horticultural

schittert in het zonlicht. Het is ook heel praktisch: het voorziet in een schoon oppervlak waar het water snel doorheen zakt en u kunt er gemakkelijk op lopen. Bovendien is het niet duur. Kies licht grind in een neutrale kleur; dat ziet er natuurlijk uit en reflecteert het licht goed.

Mits de grond vooraf is behandeld met onkruidverdelger of het grind over polytheen is gestort, gebruikt u slechts één keer per jaar een onkruidbestrijdingsmiddel. Ter vervanging van gras brengt u het grind aan in een laag van ten minste 5 cm dik; maak hierbij rechte paden en rechthoekige vormen. Leg er randen van bakstenen, tegels of hout omheen, zodat het grind niet wordt verspreid in de omringende aarde.

Bestrating is duurder dan grind, maar veel tuinen hebben al een klein bestraat gedeelte achter het huis, dat uitgebreid zou kunnen worden. Mocht de bestrating informeel zijn, haal de klinkers en/of tegels dan weg en leg ze in een strenger patroon weer neer.

In een mediterrane tuin moet een element met water voorkomen, het liefst een eenvoudige fontein. Als u al een vijver hebt en deze de gebruikelijke natuurlijke of niervorm heeft, maak hem dan rond, rechthoekig of achthoekig. Een fontein in klassieke stijl in het midden van de vijver vormt een mooie afronding van het geheel.

Als u een geheel nieuwe vijver aanlegt, maak er dan een formele van, met verhoogde zijkanten van bakstenen of betonnen bekledingsstenen. Wilt u het bescheidener aanpakken, maak dan een fontein aan de muur of neem een vogelbad met een strakke vormgeving.

Beplanting

De planten in uw mediterrane tuin hoeven niet per se uit die contreien te komen – de hoofdregel voor succesvol tuinieren is planten uit te zoeken die gedijen in het microklimaat en op de grondsoort van uw tuin. De meeste planten die u hebt, zult u kunnen houden, alleen moet u ze anders rangschikken en er bijzondere en opvallende planten tussen zetten die afkomstig zijn uit warmere luchtstreken.

Deel een conventionele, onregelmatige border op in keurige geometrische vakken; verhoogde bedden met muurtjes of bielzen als randen zijn hiervoor heel geschikt. Geef de bedden een dichte beplanting, waarin soorten met zilvergrijze of stekelige bladeren sterk vertegenwoordigd zijn. Kruisdistel (*Eryngium*), wegdistel (*Onopordum*) en *Cineraria maritima* mogen hier niet ontbreken.

Voor een subtropisch effect voegt u enkele planten met een aparte bladstructuur toe, zoals agaven, *Phormium tenax* en yucca's. Halfwinterharde palmen zijn ook goed – kijk uit naar *Chamaerops humilis*, *Trachycarpus fortunei* en de *Washingtonia filifera*.

Potten

Zorg voor veel planten in potten, bij voorkeur van terracotta of steen, met name langs de randen van een bestraat gedeelte. In een aantal bakken zet u opvallende planten die u als blikvanger gebruikt. Dit maakt

Photos Horticultural

NIET VERGETEN

BOORDEVOL POTTEN

In tuinen rond de Middellandse Zee staan altijd heel veel potten met zomerbloeiers en deze gewoonte is gemakkelijk na te volgen. Gebruik allerlei potten:

- Sierpotten van terracotta (duur) of plastic.
- Kuipen van namaaksteen en bloembakken met versieringen in reliëf.
- Grote blikken en plastic dozen, oude afwasbakken, plastic emmers — zwart of wit geverfd.
- Oude autobanden, binnenste buiten gekeerd en wit of loodgrijs geverfd.
- Oude gootsteenbakken.
- Bloembakken voor in de vensterbank en hangmanden om op verschillende hoogten kleur in de tuin te brengen.

De puntige bladeren van yucca's voegen een echt exotisch, architectonisch element toe aan een mediterrane tuin. Sommige soorten hebben aan de basis een rozet van bladeren; andere, zoals de Y. gloriosa, *dragen de bladeren in bosjes op onvertakte stengels (boven). Bij deze variëteit ('Variegata') hebben de bladeren goudgele randen.*

Afrikaantjes (Tagetes patula) *zijn heel geschikt als kuipplanten. Op een zonnige plek bloeien ze uitbundig (rechts). Hier bieden een bonte hosta en een paarsblauwe lobelia een koel tegenwicht voor de felle kleuren.*

Pat Brindley

Photos Horticultural

het ook gemakkelijker niet-vorstbestendige planten in de winter binnen te zetten, tenzij u bakken neemt die niet meer te tillen zijn nadat u ze met aarde hebt gevuld.

Bloemen in warme kleuren

Gebruik voor bedden met zomerbloeiers de warmste, meest intense kleuren die u kunt vinden: vuurrood, geel en felroze in plaats van pasteltinten en blauw. Oostindische kers, afrikaantjes, petunia's en salvia's zijn allemaal verkrijgbaar in de vereiste sprekende kleuren. Neem vooral veel geraniums; hoewel ze misschien niet zo uitbundig zullen bloeien als in de hete mediterrane zon, zullen toch vooral de nieuwe F1-variëteiten –mits ze op een warme, beschutte plaats staan– een feest van kleur geven, dat duurt tot de eerste vriesnacht. Neem ook altijd een flink aantal hanggeraniums of klimopbladige variëteiten, die een waterval van bloemen over de randen van de bakken zullen laten neerdalen, net als in Italië.

Harry Smith Collection

In een mediterrane tuin past een formele haag (boven). In deze Italiaanse tuin is in de haag een boog geknipt, zodat er een koel plekje ontstaat waar je lekker kunt zitten. De rest van de haag vormt een donkere achtergrond voor de planten die in de zon staan.

In de late zomer verschijnen de schitterende trompetvormige bloemen van Campsis radicans*, een bladverliezende klimplant.*

Maak voor de bekleding van de muren een keuze uit de meer exotische klimplanten, zoals de passiebloem (*Passiflora caerulea*), die groen blijft, met grote zachtpaarse en witte bloemen; of de trompetklimmer (*Campsis*), die in de herfst haar bladeren verliest en opvallende oranjerode bloemen heeft.

Hoge muren zorgen onvermijdelijk voor schaduw gedurende een deel van de dag.

Planten met (deels) goudgele bladeren, zoals *Elaeagnus, Euonymus* en *Hosta fortunei* 'Aureomarginata', geven deze gedeelten iets zonnigs. Een kleine conifeer met goudgele naalden is ideaal om een donker hoekje op te halen. Een vergelijkbaar effect bereikt u als u de groenblijvende kamperfoelie *Lonicera japonica* 'Aureoreticulata' tegen een muur op het noorden laat opklimmen.

Geschikte bomen

Een mediterrane tuin is vóór alles zonnig en daarom horen er geen bomen in die veel schaduw werpen. Staat er wel een boom, dan zal hij op vakkundige wijze uitgedund en ingekort moeten worden. Japanse sierkersen zijn heel geschikt, want ze bloeien al vroeg in de lente en blijven vrij compact. *Prunus* 'Amanogawa' is met de omhoog wijzende takken ideaal voor een heel kleine tuin.

Elke kleine naaldboom die recht omhoog groeit, geeft in zomer en winter het juiste accent – maar vermijd de reuzen. De Italiaanse cipres met zijn donkergroene, bijna zwarte, aromatische naalden, die met zijn langwerpig silhouet zo karakteristiek is voor mediterrane landen, heet *Cupressus sempervirens* 'Stricta'. Laat hem niet meer dan 4,5 m hoog worden.

Een betegeld gedeelte met een pergola maakt vaak deel uit van grotere mediterrane tuinen. Soms heeft zo'n constructie zuilen, lage muurtjes en trellis aan één of meer zijden. Het nadeel in een minder zonnig klimaat is dat de pergola meer schaduw zal werpen dan wenselijk is. Maar als u een pergola opricht op een plaats die al beschaduwd is, hebt u niets te verliezen. Wanneer het kale hout eenmaal bekleed is met wingerd, rozen of jasmijn, is het effect meteen zuidelijk.

Gebruik altijd geschaafd timmerhout voor deze bouwsels in de mediterrane tuin, want rustieke balken of iets dergelijks verstoren de formele aanblik.

Tuinmeubilair

Aangezien de mediterrane tuin gewoonlijk als een kamer in de open lucht wordt beschouwd, zijn meubelen onmisbaar. Heel mooi zijn tafeltjes en stoelen van aluminium in hetzelfde design als de traditionele Zuideuropese van gietijzer. Een andere mogelijkheid zijn geverfde lattenstoeltjes, zoals u die in Franse parken wel ziet. Hebt u al houten tuinstoelen, dan kunt u ze wit schilderen.

Een picknicktafel met banken eraan vast is eigenlijk een Noordamerikaanse uitvinding, maar misstaat niet. In een echte mediterrane tuin zult u echter eerder een ongelooflijk oude, slordig in elkaar getimmerde tafel aantreffen, die met trots de kringen en krassen draagt die talloze *al fresco*-maaltijden erop nagelaten hebben. Parasols en markiezen worden in de landen rond de Middellandse Zee veel gebruikt. Ook al zijn ze in ons klimaat zelden nodig, ze dragen bij tot de sfeer die u in de tuin wilt oproepen.

GOEDE IDEEËN

LAAT HET LICHT SCHIJNEN

Van een mediterrane tuin moet u na het vallen van de avond evenzeer kunnen genieten als overdag. Buitenlampen zijn dan ook onontbeerlijk. Op een patio kunt u aan de huismuur een lamp aanbrengen die u op het elektriciteitsnet aansluit. Verderop in de tuin zet u lampen die op laagspanning werken en die u via een transformator op het lichtnet aansluit.

De halfwinterharde eenjarige Salvia splendens *vlamt op in de late zomer en de vroege herfst. De eigenlijke soort is vuurrood, maar sommige variëteiten zijn tweekleurig. Andere, zoals 'Phoenix Mixed' (rechts), vertonen prachtige roze of paarse tinten.*

Photos Horticultural

Tegels vormen een goed alternatief voor grind, vooral als ze van een steensoort in een lichte kleur zijn (onder). Hier wordt de mediterrane sfeer opgeroepen door de stijl van het huis: de witte muren, de dakpannen, de jaloezieën en het smeedijzeren balkon. Ook de weelde aan tuinbalsemien (Impatiens) *in de witte bloembakken is karakteristiek.*

Photos Horticultural

Een oosterse tuin

Oosterse tuinen staan heel ver weg van hun westerse tegenhangers, maar ze reiken ons veel ideeën aan voor het creëren van mooie, serene effecten in een beperkte ruimte.

Elizabeth Whiting

Oosterse tuiniers creëren bijzondere effecten door te spelen met de verschillen in structuur en schakering van bladeren (boven en links). Natuurlijke materialen zoals stenen en keitjes zijn gebruikt vanwege hun symbolische waarde, maar ook om de natuurlijke indruk te versterken.

De verheven rust van de oosterse tuin is geen toeval. De vredigheid waarvan elk blad en elke steen is doortrokken en waaraan subtiele kleuren, een overzichtelijke beplanting en een heerlijk gevoel van ruimte bijdragen, ontstaat door de toepassing van eenvoudige, maar zeer strenge beginselen in het ontwerp. De oosterse tuin is de uiting van een religieuze en wijsgerige denkwijze die ver verwijderd is van westerse ideeën, maar ongeveer dezelfde doelstellingen heeft. Zowel in het Oosten als in het Westen bestaat het verlangen naar een rustige omgeving, waar men de drukte van het dagelijkse leven, en met name die van de stad, kan ontvluchten. Oost en West delen de liefde voor de schoonheid van de natuur, die we in onze tuinen herscheppen om weer energie op te doen.

Terwijl westerse tuinen vaak uitbundig van kleur zijn, om de verscheidenheid van de natuur te vieren, tracht de Chinese of Japanse tuinier altijd de grootsheid van het natuurlijke landschap weer te geven. Hij schept hierbij dezelfde eenvoud als op een oosterse schildering.

In de tuin symboliseert elk detail –de lijn van een enkele tak, het mos op een steen, de schittering van water door bladeren– een ander aspect van de natuur. Elk element wordt zorgvuldig gekozen volgens een code die al generaties lang vastligt. De uitgestrektheid en de verscheidenheid van het landschap kunnen op een heel eenvoudige manier gesuggereerd worden.

Over de drempel

In de oosterse wereld staat de heiligheid van het huis voorop. Huis en tuin worden als een eenheid beschouwd. Ze zijn verbonden door een bedekte veranda zonder balustrade die vanuit de woonkamers toegang biedt tot de tuin en het mogelijk maakt de tuin vanaf geringe hoogte te bekijken.

In de Chinese filosofie van *yin-yang* (in Japan bekend als *in-yo*) wordt de wereld gezien als de uitdrukking van harmonie tussen tegenstellingen; tussen licht, kracht en mannelijkheid aan de ene kant en schemering, teerheid en vrouwelijkheid aan de andere kant. In de tuin is het daarom van belang een evenwicht te behouden tussen sterk contrasterende elementen als

De kleur van een bloem wordt in een oosterse tuin als een accent gebruikt. De waterhyacint (Eichhornia crassipes, *rechts*) *geeft met haar lila of blauwe bloemen kleur aan een vijver. Deze drijvende plant groeit snel en kan gaan woekeren, hoewel ze gewoonlijk in toom wordt gehouden door de vorst.*

Harry Smith Collection

AANBEVOLEN PLANTEN

Wanneer u planten uitzoekt voor een tuin in oriëntaalse stijl, let er dan op of ze bijdragen tot subtiele contrasten in structuur, de opbouw van licht en schaduw en het evenwicht tussen verticale en horizontale lijnen. Bekijk of ze een zekere elegantie hebben en samen geen rommelig geheel vormen.

Van **bomen** wordt vaak één exemplaar geplaatst om de individuele eigenschappen zo goed mogelijk uit te laten komen. Variëteiten van de Japanse esdoorn (*Acer palmatum*) worden gekozen vanwege de schoonheid van vorm en blad en vanwege de herfstkleur. Heel verfijnd van structuur is 'Dissectum'. Japanse kers (*Prunus*) zorgt voor lentebloesem en herfstkleur. *P. sargentii* groeit langzaam, maar zal na vele jaren toch een hoogte van 8 m bereiken. 'Accolade' is een kleinere hybride. *P.* 'Shimidsu Sakura' vertakt zich wijd en wordt circa 3 m hoog. Dennen en coniferen zijn aantrekkelijk omdat ze altijd groen blijven. De dwergden (*Pinus mugo*), die zo'n 2 m hoog wordt, groeit breed uit.

Bladplanten Bamboe groeit misschien te hard voor kleine tuinen. Wel geschikt is *Pleioblastus viridistriatus* (syn. *Arundinaria viridistriata*). Blauw schapegras (*Festuca glauca*) en goudgele *Hakonechloa macra* 'Aureola' zijn uitstekende grassoorten. Probeer van de varens *Adiantum pedatum* en *A. venustum*, beide heel fijn geveerd. Hosta's voorzien in goed sculpturaal blad, terwijl u buxus (*Buxus sempervirens*) in keurige ronde vormen kunt snoeien.

Om de tuin iets authentieks te geven, gunt u (korst)mossen enige vrijheid.

Een alternatief hiervoor is *Soleirolia soleirolii* (syn. *Helxine soleirolii*) of bodembedekkende rotsplanten, zoals *Saxifraga moschata* 'Cloth of Gold', die aan plaatsen met wat meer schaduw een lichte toets geeft.

Bloeiende planten zoals azalea's, rododendrons, camelia's, irissen, pioenrozen, chrysanten en Japanse kwee (*Chaenomeles speciosa*) gebruikt u spaarzaam.

Waterplanten De grasachtige bladeren van *Typha minima* vormen een mooi contrast met waterlelies (*Nymphaea*) en de waterhyacint (*Eichhornia crassipes*).

De eenvoudige principes van de oosterse tuin kunt u heel goed op een kleinere schaal toepassen – ook op een plaats waar u het niet zo gauw zou verwachten (links). Hier is een hoek van een dakterras afgeschermd en heeft een jonge Japanse lariks (Larix kaempferi) *een onderbeplanting gekregen van bontbladige klimop,* Fatsia japonica *en een azalea. Grote, gladde stenen maken het plaatje compleet.*

Steven Wooster/Garden Picture Library

licht en schaduw, hoekige en gebogen omtrekken, steen en water. Aangezien het natuurlijke landschap geen strakke begrenzingen kent, worden verschillende middelen gebruikt om de grenzen van de tuin te verdoezelen en het gevoel van ruimte te versterken.

Een dichte beplanting, vaak met coniferen, maskeert de schutting. Glimpen van deze begroeiing vangt de bezoeker op door de takken van bomen met een minder compacte groei en lichter blad, zoals de Japanse kers, die dichter bij het huis zijn geplant. Onderdelen van naburige tuinen worden in het beeld opgenomen; ze zetten het landschap achter de schutting voort. Door de tuin lopen kronkelende paden die op een gegeven moment uit het zicht verdwijnen en zo de indruk van oneindigheid wekken.

Geplande informaliteit

In het Oosten houdt men niet van de symmetrie van westerse formele tuinen. Oriëntaalse tuiniers bewonderen juist het onregelmatige, dat het onzekere in de natuur symboliseert. Ze scheppen behagen in het verweerde oppervlak van een steen, in de asymmetrische rangschikking van planten of keien en in een boom die zo geplaatst is dat een tak iets anders in de tuin gedeeltelijk verbergt.

Natuurlijke harmonie

De tuinier moet bovenal in harmonie met de natuur zelf werken. Zelfs schuttingen, die de hele tuin omsluiten, zijn van natuurlijke materialen – meestal bamboe of hout.

Water en steen zijn onmisbare elementen, want ze komen direct uit het natuurlijke landschap. Dagenlang kan de tuinier zoeken naar de juiste stenen. Het mooist vindt hij stenen uit rivieren of van de kust die in het verweerde oppervlak de werking van de natuur laten zien. Ook bemoste stenen kunnen zijn goedkeuring wegdragen. Stenen worden bewonderd om hun oppervlaktestructuur en de kleur, die verandert met het weer. De tuinier gebruikt ze voor paden, voor de randen van vijvers of bedden, of als op zichzelf staande objecten. Heesters, varens en grassen doen door contrastwerking het karakter van steen beter uitkomen; ze benadrukken de sterkte en de massa ervan. Water kan symbolisch weergegeven worden met steen of zand, of aanwezig zijn in de vorm van een vijver, waterval of bekken.

Elizabeth Whiting

Harry Smith Collection

*Variëteiten van de Japanse esdoorn (*Acer palmatum *'Dissectum') zijn ideaal voor een tuin in Japanse stijl; de paarse bladeren van 'Atropurpureum' (links) worden in de herfst rood.*

Het opkweken van miniatuurbomen –bonsai– kan tientallen of zelfs honderden jaren vergen. Dit komt tot uiting in hun prijs, maar ze zijn echt een sieraad voor een tuin (boven).

MINIATUURTUINEN

Miniatuurlandschappen in een kom zijn ware juweeltjes die een groots landschap nabootsen. In het begin waren het arrangementen van zand, stenen en rotsbrokjes, met wat groen ertussen. Verschillende stenen stonden voor specifieke onderdelen van het natuurlijke landschap: bergen, kusten en zelfs meren.

Vervolgens ontdekten hoveniers de kunst miniatuurbomen te kweken door snoeien en door de wortels van zaailingen af te binden. Deze *bonsais* (in een kom gekweekt) hebben alle kenmerken van een boom die gewoon buiten groeit, maar dan op zeer kleine schaal. Ze zijn het kostbaarste onderdeel van de Japanse miniatuurtuin geworden.

Bonsais worden ingedeeld naar de vorm waarin ze door veel moeite van buitenaf zijn gaan groeien. Soms zijn daar eeuwen overheen gegaan. Boompjes met kaarsrechte stammetjes roepen het beeld op van een bos, terwijl hellende stammetjes aan hoge, winderige rotsen herinneren en dwergdennetjes met afhangende takken aan watervallen doen denken.

De charme van *bonsai* en miniatuurtuinen is de geringe omvang, zodat u ze overal kunt neerzetten.

Elizabeth Whiting

de zomer, zijn herfsttooi en het netwerk van de kale takken in de winter.

In grotere tuinen kunnen verschillende bomen elk een jaargetijde vertegenwoordigen, met de Japanse ahorn (*Acer palmatum*), die schittert in de herfst, en een wilde sierappel (*Malus*), die zijn decoratieve vruchten tot in de winter draagt.

Japanners en Chinezen leggen veel minder nadruk op kleur dan westerlingen. Planten worden eerder uitgekozen vanwege de fijne nuances die ze toevoegen aan een harmonieus geheel dan vanwege hun kleurenpracht. Aan de vorm en de textuur van bladeren hecht de oosterse tuinier zeer veel belang. Mos wordt hogelijk gewaardeerd, evenals bamboe, varens en grassen.

Bloemen geven slechts wat kleuraccenten. Chrysanten zijn symbolisch voor de Oriënt en naast de azalea, de iris, de pioen en de lelie kiest men ze omdat ze geassocieerd worden met een lang leven, vrede en eeuwigdurend geluk.

Bassins en lantaarns

Versiering is niet van wezenlijk belang in de oosterse tuin. Een teveel aan ornamenten verstoort de rust en het gevoel van ruimte. Ze maken de tuin te vol en leiden de blik af van de verfijningen van het 'natuurlijke' landschap. Het waterbassin met zijn

Varens staan met hun tere kleuren en hun bijzondere structuur prachtig in een oosterse tuin. De fijne, neerhangende veren van Adiantum venustum *(rechts) zullen een plaatsje in de halfschaduw al gauw bedekken.*

In de oosterse tuin wordt grind op verschillende manieren toegepast. Vaak wordt het glad gemaakt en stelt het water voor (links). Het vervult ook de functie van een grasveld, want het vormt een basis waartegen de verfijnde vormen en de textuur van de planten goed uit komen. Vergeleken met gras heeft het twee voordelen: het verandert van kleur met het weer en u hoeft het niet te maaien!

Grof grind geeft een ander effect (rechtsonder), dat wordt vergroot door het contrast met de ronde, door water glad geslepen stenen en keitjes. Ruige, gedrongen planten zoals dwergconiferen passen goed bij dit grind.

Vrij grote keien zijn wat minder geschikt als bedekking van een groot stuk tuin, want u loopt er moeilijk op. Ze contrasteren echter wel mooi met planten met grote, niet-samengestelde bladeren, zoals hosta's (onder).

Klaterend water brengt leven in de tuin omdat het beweegt en muzikale geluiden voortbrengt, terwijl het wateroppervlak voor mooie weerspiegelingen zorgt. Welke vorm een waterelement ook krijgt, het moet er zo natuurlijk mogelijk uitzien, met varens en waterplanten tussen de stenen langs de rand.

De wisseling van de seizoenen

In de oosterse tuin krijgt elk aspect van de natuurlijke wereld aandacht. De wisseling van de jaargetijden kan tot uitdrukking komen in een Japanse kers (*Prunus*), met zijn heerlijke lentebloesem, zijn groene bladeren in

Harry Smith Collection

Eric Crichton

DROGE TUINEN

De droge tuinen van Japan zijn de ultieme uitdrukking van verfijnde eenvoud. In de tempels van het Zen-boeddhisme zorgden deze kale landschappen van steen en zand voor de volmaakte omgeving om te mediteren. Voor ons vormen ze een bron van inspiratie voor het inrichten van rustige plekjes. Ze zijn vooral nuttig in de context van een tuin die geen onderhoud behoeft.

In de droge tuin wordt water gesuggereerd door een droge rivierbedding, gemaakt van stenen die door het water zijn uitgesleten. Het wordt ook verbeeld door een zandvlakte waaruit keien en rotsen oprijzen; deze eilanden zijn symbolisch voor een lang leven of voor eeuwige vreugde. Elke verweerde steen wordt met de grootste zorg uitgezocht en neergelegd, alleen of met andere, in 'natuurlijke' asymmetrische groepen. Grotere rotsbrokken op de voorgrond wekken de illusie van diepte.

Vaak is mos het enige groen. Soms ziet u in plaats van keien lage, gesnoeide struikjes zoals buxus. Er is geen enkele reden waarom u een westers equivalent niet zou mogen verlevendigen met enkele planten, zoals varens, grassen en hosta's. Het blad van deze soorten verzacht de steenmassa en contrasteert fraai met de kale achtergrond.

Het zand in tempeltuinen wordt uiterst nauwkeurig in traditionele patronen geharkt. Evenwijdige lijnen stellen golven voor, terwijl ellipsen en cirkels rond stenen het breken van water op de rotsen van een eiland verbeelden.

Aan deze patronen moet voortdurend aandacht worden besteed om te voorkomen dat wind en regen ze uitwissen. Ze zijn dan ook niet praktisch voor een tuin bij huis, behalve op heel kleine schaal. Maar ook al is het grind niet geharkt, bij zon en regen vertoont het mooie veranderingen in textuur en tint.

Harry Smith Collection

schoep van bamboe en de stenen lantaarn maken evenwel altijd deel uit van een oosterse tuin. Oorspronkelijk werden ze erin geplaatst voor religieuze doeleinden: het bassin om lichaam en geest te reinigen; de lantaarn als symbool van het licht der kennis.

Het waterbassin is gewoonlijk van verweerd steen, maar kan ook van ander natuurlijk materiaal zijn; een uitgeholde boomstronk voldoet ook. Vaak is het op een platte steen geplaatst en wordt het geaccentueerd door een heel eenvoudig arrangement van rotsblokken en groene bladplanten of mos.

Het idee achter de lantaarn is niet de tuin aan de duisternis te ontrukken, maar het mysterie ervan te vergroten. Het meeste effect geeft de lantaarn als hij aan de zijkant staat, op een schaduwrijke plaats naast bomen en struiken, vanwaar hij intrigerende schaduwen werpt.

Architectonische planten

Architectonische planten worden gekweekt vanwege hun karakteristieke vorm. Ze zijn vaak behoorlijk groot, maar één of twee van zulke planten kunnen ook in de allerkleinste tuin prachtig staan.

In het algemeen worden deze statige planten eerder vanwege de opvallende schoonheid van hun vorm dan vanwege de bloemen gekweekt. Vele hebben stugge, opgerichte bladeren, die meer aan een constructie dan aan een plant doen denken; andere hebben bladeren van grote afmetingen of een ongewone vorm.

In het ideale geval is een architectonische plant altijd groen, zodat ze een blijvend element in de tuin is. De yucca, die met zijn langwerpige bladeren het hele jaar door de wacht houdt, is een klassiek voorbeeld. Veel architectonische planten zijn groot, zodat ze zich onderscheiden van de overige beplanting, maar voor de kleine tuin zijn er talloze soorten die gemakkelijker te hanteren, maar even indrukwekkend van vorm zijn.

S & O Mathews

Architectonische planten zijn bijzonder vanwege hun indrukwekkende vorm. Dit hoeft niet te betekenen dat ze kleurloos zijn. De bloemhoofdjes van de langstelige Kniphofia *bijvoorbeeld hebben heel warme, sprekende kleuren. Dit is de* K. rooperi *(boven).*

De meeste tuinen zijn aangelegd volgens de principes van de landelijke tuin, met borders waarin zo veel mogelijk planten bij elkaar zijn gezet. Gewoonlijk wordt er weinig aandacht besteed aan het silhouet of de bladvorm van de planten.

Het resultaat kan vergeleken worden met een impressionistisch schilderij –meestal vol kleur, maar zonder karakteristieke vormen– en vaak zit er niet veel hoogte in. Een tuin die volgens strikt architectonische beginselen is ontworpen, bevat veel minder planten, zodat elk exemplaar goed uitkomt. Zo'n tuin zal het hele jaar door interessant zijn, maar altijd ingetogen – nooit een orgie van kleuren.

Een dergelijke beplanting is in het algemeen het effectiefst wanneer ze is uitgevoerd in een kleine ruimte die als het ware een kamer in de open lucht is, met bestrating, lage muurtjes, bakstenen bloembakken en potten. Een bijkomend voordeel is dat ze betrekkelijk weinig onderhoud vergt.

Waarschijnlijk houden de meeste tuiniers te veel van kleur om een geheel architectonische tuin in te richten. In een tuin van een meer conventioneel ontwerp kunnen architectonische planten echter ook van grote waarde zijn, en wel op twee manieren.

In de eerste plaats kunnen ze als accenten worden gebruikt –eigenlijk een soort 'uitroeptekens'– in borders met bloeiende planten. In de tweede plaats zorgen ze voor een boeiende aanblik in de winter. En wilt u eens iets anders dan een bloembak met eenjarigen, zet dan een enkele architectonische plant in een mooie pot.

Oude bekenden

Een aantal van de fraaiste architectonische planten zijn kruidachtige vaste planten, die vroeger veel te zien waren in tuinen, maar verdrongen zijn door andere soorten met feller gekleurde bloemen. Goede voorbeelden zijn twee planten met stekelige bladeren, de kogeldistel (*Echinops*) en de kruisdistel (*Eryngium*).

Kogeldistels danken hun naam aan de volkomen ronde bloemhoofdjes, in prachtige tinten staalblauw, die elk afzon-

De kardoen (Cynara cardunculus, *rechts) is een naaste verwant van de artisjok. Aangezien hij afkomstig is uit het Middellandse-Zeegebied, waar de bladstelen als selderij worden gegeten, heeft hij bescherming tegen vorst nodig. Hij vormt mooie bundels diepingesneden bladeren met een grijsgroene tint en draagt in de zomer grote distelachtige bloemen.*

NIET VERGETEN

NIET-WINTERHARDE PLANTEN

Een aantal van de beste architectonische planten kan niet goed tegen vorst. Plant ze in potten die u in een schuur of kas zet wanneer de kou invalt.

Tot de planten in deze categorie behoren:

- Agaven — lange, smalle, grijsgroene of bonte bladeren met scherpe punten en stekelige randen.
- *Cordyline australis* — bossen zwaardvormige bladeren op een knotsachtige stam. In zachte winters kan deze plant buiten blijven.

Derek Gould

Alle planten uit het geslacht Cordyline *zijn fraai van vorm, maar de toepassing ervan wordt beperkt doordat ze niet echt winterhard zijn.* C. australis *groeit langzaam en staat als potplant heel goed op een patio. Alle variëteiten vormen een soort fontein van lancetvormige bladeren; verscheidene, zoals 'Torbay Red' (links), hebben een bijzondere kleur.*

derlijk op lange stelen staan boven een massa brede, diepingesneden, grijsgroene bladeren. De zeedistel heeft blauwe, wat op kaardebollen lijkende bloemhoofdjes, omgeven door een kraag van stekelige grijze schutbladen. Beide planten zijn net zo sterk als ze eruitzien; ze kunnen tegen schrale grond, vorst en droogte.

Een verwant van de kogeldistel is de artisjok (*Cynara scolymus*), die weliswaar voornamelijk als groente wordt gekweekt, maar ook als blikvanger in een border kan dienen. Deze plant heeft grote samengestelde, grijsgroene bladeren en blauwe bloemen met mooie groene schutbladen, die het deel vormen dat gewoonlijk wordt gegeten.

Een andere ouderwetse plant, gewild om haar statige, zuilvormige hoofdjes van geelgroene, lang aan de plant blijvende schutbladen, is wolfsmelk (*Euphorbia*). Ook deze plant doet het goed op schrale grond. Hoog opschietende soorten zijn *E. characias* (vaak groenblijvend) en *E.c. wulfenii*, die beide 1,2 m hoog worden.

Kogeldistels (Echinops *spp.) danken hun naam aan de bolvormige bloemhoofdjes, die op lange, dunne stelen staan.* E. ritro *(onder) is heel bijzonder vanwege de diepingesneden bladeren, die aan de onderkant donzig aanvoelen.*

Andrew Lawson

Andrew Lawson

Photos Horticultural

kweekt worden om hun rijke blauwe aren. Er bestaan ook cultivars met roze, zachtpaarse, gele, rode of witte bloemen. Heel geschikt als verticale structuurplanten in een tuin zijn variëteiten van *D. elatum*, die wel 2,4 m hoog kunnen worden. Riddersporen leven niet lang en moeten opgebonden worden, maar zijn zeker de moeite waard.

Een andere rijzige plant is de vuurpijl (*Kniphofia*), die er nogal merkwaardig uitziet. De forse aren van buisvormige bloemen, die soms wel 1,8 m boven grasachtig blad uitsteken, zijn meestal geel met vuurrood of oranje.

Geschikt voor bedden in de schaduw zijn de monnikskap (*Aconitum* spp.), met lange aren van helmvormige, meestal violetblauwe bloemen, en het tweejarige vingerhoedskruid (*Digitalis* spp.), met hoge aren van grote buisvormige bloemen.

Bouwen met kleur

Sommige populaire kruidachtige vaste planten die gekweekt worden vanwege hun bloemenpracht, zijn ook heel geschikt om structuur of accenten aan een tuin te geven, omdat de bloemen aan lange, opgerichte stengels verschijnen. Het treffendste voorbeeld is de tuin- of Russell-lupine, met haar opvallende aren in wit, geel, oranje, paarsrood en blauw, die boven grote, handvormig samengestelde bladeren uitrijzen. Lupinen bloeien vroeg in het jaar, maar leven niet lang.

Met lupinen brengt u zonnige kleuren in een architectonisch ontwerp. Heel geschikt zijn de Russell-hybriden (boven), waarvan de veelkleurige trossen tot 1,5 m boven een border uitrijzen.

Even populair zijn de riddersporen, die van oudsher gekweekt worden om hun rijke blauwe aren.

Tropisch aanzien

Een aantal van de opvallendste architectonische planten heeft stijve bladeren met spitse punten, die aan spiesen doen denken. Sommige van de sterkste en mooiste van deze exotisch aandoende planten behoren tot de

GOEDE IDEEËN

ZOMERVAKANTIE

Veel kamerplanten met een fraaie structuur en bladvorm zullen het in de zomer naar hun zin hebben in de tuin, bijvoorbeeld:

- aspidistra
- woestijncactussen zoals mammillaria's en schijfcactussen.
- *Fatsia japonica*
- Palmen zoals de dadelpalm (*Phoenix*), de Californische waaierpalm (*Washingtonia*) en de windmolenpalm (*Trachycarpus*).
- Vetplanten zoals aloë's en *Crassula*.

S & O Mathews

*Van kruisdistels (*Eryngium *spp.) zijn niet alleen de bladeren fraai van vorm en kleur, maar heeft ook de bloeiwijze een aparte structuur.* E. giganteum *(rechts), met de zilvergrijze stengels, blauwige bloemen en stralende schutbladen, is een van de allermooiste. Jammer genoeg leeft de plant niet zo lang als andere soorten; na de bloei sterft ze.*

TUINTIPS

UITROEP-TEKENS

Lange, slanke coniferen hebben een hoge architectonische waarde. Ze zetten sterke verticale accenten zonder te veel ruimte in beslag te nemen of te veel schaduw te werpen. De volgende zijn geschikt voor kleine tuinen:

- Italiaanse cipres (*Cupressus sempervirens* 'Stricta') — donkergroen.
- Ierse jeneverbes (*Juniperus communis*) 'Hibernica' — grijsgroen.
- *Juniperus scopulorum* 'Skyrocket' — grijsblauw.

Derek Gould

yuccafamilie. Er zijn talloze variëteiten, maar ze vormen allemaal een dichte bos glanzend groene of bonte bladeren van 60 cm tot 3 m hoog. Soms zijn de spiesen zo scherp als een scheermes, in andere gevallen zijn de randen afgezet met gekrulde, witte vezels. Het kan enige tijd duren voordat de spectaculaire aren van grote, roomwitte, klokvormige bloemen verschijnen.

Een vergelijkbare, maar minder vorstbestendige plant is *Phormium tenax*. Als ze in de winter buiten blijft, kunt u haar beschermen met een laag organisch materiaal. Er kunnen bruinrode, buisvormige bloemen aan komen, gevolgd door sikkelvormige zaaddozen van maximaal 10 cm lengte.

Hoog gras

Bij gras denk je niet zo gauw aan structuur, maar er zijn verscheidene siergrassen die als schitterende architectonische vormen prachtig staan op gazons of in ronde bedden.

Het populairst is misschien wel het pampasgras (*Cortaderia selloana*). De boogvormige, grijsgroene, getande bladeren van dit gras groeien uit tot een lengte van maximaal 1,8 m en blijven groen, behalve in zeer koude streken. In de late zomer rijzen uit de bos reusachtige pluimen op van roomwitte bloemen, die soms pas in het volgende voorjaar afvallen. Sommige variëteiten, zoals 'Pumila', zijn lager en compacter. 'Rendatleri' heeft mooie, paarsachtig zilveren pluimen. Trek handschoenen aan als u dorre bladeren uit de bos wilt halen, want ze zijn vlijmscherp.

Een andere hoge, indrukwekkende plant is *Miscanthus*. Een van de mooiste soorten, *M. sinensis* 'Zebrinus', heeft smalle, groene bladeren met gele dwarsstrepen en sierlijke pluimen van zijdeachtige, witte bloemen met een rode of paarse blos.

Sommige *Miscanthus*-soorten worden wel 3 m hoog. Prachtriet (*M.s.* 'Zebrinus') bereikt een hoogte van 1,2 m. Het zijn kruidachtige planten, maar het dode blad kunt u in de winter aan de planten laten, zodat ze er niet zo kaal uitzien. Als u de grassen in de lente kort knipt, zullen ze verbazend snel weer uitgroeien.

Bamboe lijkt wel een soort hoog gras, maar is eigenlijk een heesterachtig gewas met holle

Pampasgras (Cortaderia selloana) *is prachtig van vorm, met zijn bossen in bogen neerhangende bladeren en de deinende massa pluimen daarboven. Het hele jaar door is dit een fraaie plant in de tuin, maar het mooist is pampasgras in de winter, wanneer een laagje rijp of sneeuw de bladeren en de bloemen bedekt (boven). Prachtriet* (Miscanthus sinensis *'Zebrinus', rechts) is niet minder indrukwekkend, maar dit gras is juist op zijn mooist in de zomer, wanneer de bonte bladeren een spectaculaire show opvoeren, en in de herfst, wanneer de losse pluimen van witte aartjes verschijnen.*

Photos Horticultural

verhoute stengels. Bamboe kan prachtig staan in een tuin. Maak een weloverwogen keuze, want sommige breiden zich enorm uit met behulp van wortelstokken en andere worden wel 6 m hoog. Geschikt voor een kleine tuin is *Arundinaria (Sinarundinaria) murielae*, die bundels gebogen, geelgroene stengels vormt van 2,1 tot 3 m hoogte, met bovenaan donkergroene bladeren. Dit niet-woekerende bamboe is min of meer winterhard, maar heeft bescherming tegen koude wind nodig. Zet andere bamboes in bakken om de wortelstokken in bedwang te houden. Plant u ze in de grond, dan zult u ze regelmatig moeten afsteken met een spade. Van kruidachtige gewassen met zeer grote bladeren kunt u het best één exemplaar planten, als blikvanger in de voortuin of om een hoekje op te vullen; ook achterin een brede border staan ze mooi.

Veel variëteiten wolfsmelk zijn vrij klein, maar de grotere zijn goede architectonische planten. Zo kunnen de stengels van Euphorbia characias wulfenii *(rechts) 1,2 m hoog worden. Dit is een vaste plant met tweejarige stengels; het ene jaar draagt elke stengel dicht opeengepakte grijsgroene bladeren en in het voorjaar daarna massa's geelgroene bloemen.*

S & O Mathews

De fijnverdeelde, frisgroene buitenste veren van de Europese struisvaren (Matteuccia struthiopteris, *onder) zijn steriel. In de zomer verschijnen binnenin de plant donkerder veren, waarop zich sporen vormen.*

Andrew Lawson

Vriendelijke reuzen

Sierrabarber (*Rheum palmatum*), verwant aan gewone rabarber, maar niet eetbaar, is zo'n reusachtige plant.

De grote, glanzende bladeren, waarvan de randen grofgetand zijn, kunnen 90 cm breed worden en vormen enorme bossen. Vroeg in de zomer verschijnen roze bloempjes, die in aren van soms wel 2,4 m hoogte boven het blad staan. Deze plant staat graag in de volle zon, maar wel op natte grond.

Rodgersia podophylla is ook een vochtminnende plant. Ze heeft roomwitte pluimen en bladeren van 30 cm in doorsnee, die aan parasols doen denken. De bladeren zijn eerst bronskleurig, worden vervolgens groen en krijgen ten slotte een koperen gloed.

Niet zo groot, maar opvallend van vorm zijn de bladeren van bereklauwen (*Acanthus spinosus*). Ze zijn diep en kartelig ingesneden, waarbij elke tand

TUINTIPS

VOGELS LOKKEN

Verscheidene interessante architectonische planten zetten zaad waarop vinken en andere zaadeters afkomen — als u de zaden tenminste aan de plant laat zitten. De beste in dit opzicht zijn:

- Zonnebloem — reusachtige, gele 'madelief' met een gewelfde schijf vol zaden in het midden; sterke eenjarige.
- Kaardebol — grote eironde, stekelige zaadbollen; sterke tweejarige.

uitloopt in een stekel, en tot 40 cm lang. Ook de aren, die uit witte en paarse buisbloemen met stekelige schutbladen bestaan, zijn opvallend. De plant wordt circa 1,2 m hoog. Aangezien varens zich voortplanten door middel van sporen, bloeien ze niet. Ze zijn dan ook alleen interessant vanwege hun sierlijke bladeren. Ze zijn ideaal als architectonische planten in wilde of bostuinen, waar yucca of pampasgras zou misstaan. Over het algemeen zijn ze heel sterk. Ze houden van schaduw en vochtige grond.

Fascinerende varens

Hoewel varens bijna het hele jaar door interessant zijn, zijn ze in de lente op hun mooist. Langzaam ontvouwen ze zich dan vanuit het dicht ineengerolde hart om de frisgroene, in vele blaadjes verdeelde veren in al hun pracht te tonen. Deze worden gevolgd door sporendragende veren met een andere vorm en kleur. Sommige nemen in de herfst de kleur van brons aan; de oude bruine veren blijven aantrekkelijk in de winter.

Er zijn talloze soorten varens, die allemaal net weer anders zijn. Tot de grotere soorten behoren de schildvaren (*Dryopteris*), met tere, gebogen, lichtgroene veren, en de struisvaren (*Matteuccia*), met een meer opgerichte groei. Deze dankt haar naam aan de gelijkenis met een bos struisvogelveren in een vaas. Later verschijnt er in het hart van deze varen een soort pluimbal van donkerder veren.

Polystichum is minder hoog en meer gespreid, met heel fijn verdeelde veren, die uit een bruine hoofdnerf groeien. De allermooiste is wel de koningsvaren (*Osmunda*), die 1,8 m hoog kan worden. De vruchtbare veren lijken op gedroogde bloemen en in de herfst krijgt deze varen een bruine gloed.

S & O Mathews

Het geslacht Yucca *telt veel leden. Ze hebben allemaal lange, scherpe, lancetvormige, gebogen bladeren en dragen af en toe schitterende bloemen. Het enige nadeel is dat sommige niet echt winterhard zijn.* Y. gloriosa *'Variegata' (boven) kan wat beter tegen de kou en zal mede dankzij de geelgerande bladeren en de reusachtige pluimen met hangende roomwitte bloemen in geen tuin misstaan.*

Andrew Lawson

Ook tot het geslacht Rheum *behoren veel imposante planten. Kenmerkend is sierrabarber* (Rheum palmatum, *links), die een zich uitspreidende bos van zeer grote gelobde bladeren vormt en in de vroege zomer pluimen met vuilwitte bloempjes draagt.*

Tuinhuisjes

Tuinhuisjes zijn handig als opslagplaats voor tuinmeubelen; ze vormen een aanvulling op de beschikbare woonruimte. Bovendien geven ze in de winter bescherming.

Stephen Dobson/Garden Picture Library

Een tuinhuisje is een praktische oplossing voor het opslaan van tuinmeubelen. Het is een schuilplaats wanneer het te koud of te vochtig is om in de tuin te vertoeven.

Voor kinderen is het leuk om erin te spelen en handig om hun speelgoed in te bewaren.

> GOEDE IDEEËN
>
> **VERWARMING**
>
> Als u het tuinhuis ook 's winters wilt gebruiken, zet er dan een draagbaar gaskacheltje in; stroomvoorziening is niet nodig.

Iemand die thuiswerk doet, kan het als part-timekantoor inrichten.

Als u het huisje isoleert en er een kacheltje in zet, kunt u er ook planten als geraniums en fuchsia's in laten overwinteren, of er in koude, natte perioden kuipen met vaste planten of heesters in zetten.

Basisontwerpen

Tuinhuisjes zijn tegenwoordig allemaal van hout – cederhout, grene- of vurehout of een andere zachte houtsoort. Ze zijn verkrijgbaar in drie basistypen. Allereerst is er het ronde of achthoekige tuinhuisje, dat op een ronde kas lijkt, maar een dicht dak heeft en rond de ene helft van het gebouwtje glas boven het midden. (Deze passen het best in een heel kleine tuin, maar zijn het duurst in aanschaf.)

Het tweede ontwerp is een chaletachtig tuinhuis dat deels omsloten is door houten wanden. Aan de voorkant zitten glazen deuren en ramen. Er is een veranda, zodat u buiten kunt zitten en toch nog enige beschutting van het dak krijgt.

Het derde lijkt op een schuurtje, maar in plaats van

Dit idyllische tuinhuisje in traditionele stijl (boven) bevindt zich op een zonnige plek. Het is heerlijk om hier tussen het groen en de geurende rozen de avond door te brengen.

Op een beschutte plaats (rechtsboven) kunt u een deel van een muur vervangen door een latwerk met planten.

Dit tuinhuisje met veel glas aan de voorkant (rechts) laat veel licht binnen en biedt het hele jaar door bescherming tegen weer en wind.

Photos Horticultural

TUINTIPS

TIPS VOOR HET OPSLAAN

- Hoezen en andere overtrekken voor barbecues en tuinmeubelen kunt u gebruiken om de spullen die u in het tuinhuis opslaat tegen krassen te beschermen.
- Verzeker u ervan dat kussens, overtrekken en tafelkleden droog zijn voordat u ze opbergt; vouw ze op en stop ze in een zak van polytheen. Zorg ervoor dat ze niet in de zon komen te liggen, want dan verkleuren ze.
- Sluit het tuinhuisje altijd goed af; tuinmeubelen en -gereedschap zijn waardevol.
- Hang lig- en vouwstoelen op aan de wanden van het tuinhuis, zodat er in het midden ruimte overblijft voor een tafel en stoelen. In de winter kunt u er dan bijvoorbeeld koffie drinken of er uw kinderen laten spelen.

Photos Horticultural

dat het helemaal van hout is gemaakt, heeft het in de bovenste helft van de deur, aan de voorkant en ook aan de zijkanten ramen die open kunnen, zodat er volop licht naar binnen valt. Hoewel het niet zo mooi is als een tuinchalet, is het praktisch gezien de beste keuze, want het biedt relatief veel opslagruimte.

Alle typen houten tuinhuisjes zijn verkrijgbaar in diverse grootten. Als u geen kant-en-klaar huisje kunt vinden dat past in de ruimte waarover u beschikt, kunt u er een van eigen ontwerp laten bouwen door een timmerman. Vraag om een prijsopgave; misschien is het niet eens zo duur als u denkt.

Waar u naar moet zoeken

Vraag zo veel mogelijk brochures van verschillende leveranciers aan en maak een zorgvuldige vergelijking van de prijzen van ongeveer dezelfde modellen, waarbij u elk verschil, hoe klein ook, in constructie en kwaliteit laat meewegen.

Controleer of alles wat u nodig hebt om het huisje compleet te maken bij de prijs is inbegrepen, zoals dakleer, glas, bouten en moeren, scharnieren enz.

Ga ook na of er roestvrij hang- en sluitwerk bij wordt geleverd en of het hout behandeld is. Kijk ten slotte of de fabrikanten een garantie bieden en wat daaronder valt.

Plaatsing

In een kleine tuin hebt u helaas niet altijd de ruimte om een tuinhuis op een ideale plek neer te zetten.

Als u van plan bent het huisje voornamelijk als opslagplaats voor tuinmeubelen te gebruiken, maakt het eigenlijk niet erg veel uit waar het staat.

Toch is het een goed idee om voor uw tuinhuisje een open plek te nemen, want onder bomen kan het hout gaan rotten: na regen vallen er druppels uit de kruinen en de lucht circu-

ANDERE BOUWSELS

• Verander een houten schuur of een bakstenen aanbouw door de dichte voorkant en de deur te vervangen door nieuwe kozijnen en er glaspanelen in te zetten, ofwel van de vloer tot het dak of van het midden naar boven. Bent u niet zo'n goede doe-het-zelver, neem dan een vakman in de arm. Knap een lelijk oud gebouwtje op door er een latwerk aan te bevestigen en daar klimplanten tegenaan te laten groeien.

• Een huisje zoals op de foto hiernaast is ideaal om kinderen in te laten spelen. Voor het opslaan van tuinmeubelen is zo'n huisje te klein; het is geschikter voor een tuingedeelte dat voor kinderen is bestemd dan als onderdeel van een gewone tuin.

Bulldog Garden Buildings

Een huisje als dit (links) staat leuk in een voor kinderen bestemd tuingedeelte en biedt een oplossing voor het opbergen van speelgoed.

Probeer voor het tuinhuisje een plaatsje te vinden in het zonnigste deel van de tuin (linksonder).

Even belangrijk als de plaats van het huisje is de naaste omgeving (rechts). Hier zorgt een goede combinatie van kleurige planten en een opgehoogd bed ervoor dat degenen die in het tuinhuis zitten een mooi uitzicht hebben.

Wanden met veel glas erin (onder) geven dit tuinhuis uitzicht naar alle kanten en een open sfeer waarin u zich goed kunt ontspannen.

leert er niet veel. Voor een tuinhuisje dat in de eerste plaats is bedoeld om in te zitten, is een zonnige plek natuurlijk het beste.

Als u door ruimtegebrek genoegen moet nemen met een plek waar niet de hele dag zon is, vraag u dan af op welk uur van de dag u het tuinhuis wilt gebruiken.

Als u de hele dag op uw werk bent, zult u vooral 's avonds gebruik maken van het tuinhuisje. In dat geval zoekt u een plek uit waar de zon schijnt voordat ze ondergaat. Probeer als het kan een mooi uitzicht te krijgen.

Bouwen

Tuinhuisjes zijn als bouwpakketten te koop, net als schuurtjes. Fabrikanten horen er een goede werktekening en duidelijke en vooral volledige instructies bij te geven. Contro-

Peter McHoy

Photos Horticultural

Eric Crichton

GOEDE IDEEËN

TUINKISTEN

Als u niet genoeg ruimte hebt voor een tuinhuisje, of als u het in de winter als speel- of werkruimte wilt benutten, is een tuinkist (een grote, weerbestendige kist met een scharnierend deksel) heel handig om spullen in op te slaan.

leer bij aflevering of alle onderdelen ook daadwerkelijk in het pakket zitten.

Het is niet moeilijk een tuinhuisje te bouwen, hoewel het geen kwaad kan over een paar sterke helpers te beschikken. (U kunt er ook een vakman bij halen als u dat liever wilt.)

Eerst maakt u de plek waar het huisje moet komen zo vlak mogelijk. Zachte grond stampt u stevig aan. Vervolgens bakent u de plek af en legt u een fundering van bakstenen of straattegels op beton ter ondersteuning van de kruisverbanden onder de vloer van het huisje. De fundering hoeft niet meer dan één baksteen of tegel hoog te zijn om een stevige ondergrond te geven en het vloergedeelte iets boven het niveau van de grond te laten uitrijzen. Hierdoor kan de lucht er circuleren, wat ook weer het rotten van het hout tegengaat.

Eerst legt u de vloer en vervolgens zet u de wanddelen op, die u met bouten bevestigt. Het dak plaatst u het laatst; bedek dit met dakleer. Werk het huisje van binnen af door bouwplaat, triplex of spaanplaat tegen de opstaande delen te spijkeren – dit staat niet alleen beter, maar werkt ook isolerend.

Suggesties voor beplanting

Kies geurige klimplanten –klimmende of kruipende rozen, jasmijn en kamperfoelie– om het dak en de wanden te bedekken.

Plant vervolgens welriekende planten zoals geurgeraniums, violen, anjelieren en lavendel in bedden rond het tuinhuis.

In een niet te kleine border kunt u rozen, geurige lelies en ouderwetse siertabak laten groeien.

Bloembakken in vensterbanken passen ook heel goed bij een tuinhuis – zet er in het voorjaar hyacinten in en in de zomer kruipende eenjarigen zoals petunia's.

Het is een goed idee langs het pad naar het tuinhuis planten neer te zetten die in de winter een aangename geur verspreiden, zoals *Chimonanthus fragrans*, winterheliotroop en de mooie sneeuwbal *Viburnum fragrans.*

NIET VERGETEN

ONDERHOUD

Wanneer het tuinhuisje eenmaal staat, brengt u er een deklaag van een gekleurd waterafstotend middel op aan en daarna elk jaar een laag van een beschermend middel ter voorkoming van houtrot. Neem dezelfde kleur als die van de oorspronkelijke behandeling — dan blijft ook de kleur van het hout bewaard.

Comfortabel tuinmeubilair

Tuinmeubilair is een integraal onderdeel van uw tuin en de beslissingen die u neemt aangaande het type en de stijl zijn even belangrijk als de beslissingen die u neemt over het tuinontwerp en de beplanting.

Ontspannen in de tuin is een belangrijk aspect van het leven buitenshuis, maar als dat niet op een comfortabele manier kan, gaat het plezier grotendeels verloren. Al te vaak wordt bij het plannen van een tuin veel te laat overwogen welke meubelen men zal nemen en waar ze moeten staan.

Een goede kijk

Een mooie bank achterin de tuin kan fungeren als een sterk visueel element in het tuinontwerp. Ze past in een formeel ontwerp met een omlijsting van coniferen, maar zeker ook in een informeel kader, bijvoorbeeld onder een constructie met klimplanten die alle kanten opgroeien.

Zo'n bank vervult ook een praktische functie. Met het verstrijken van de jaren hebben tuiniers wel een plekje nodig waar ze even kunnen uitrusten! Belangrijk is ook dat het uitzicht vanaf banken en stoelen onbelemmerd is.

Ron Sutherland/Garden Picture Library

Harmonie is het sleutelwoord bij de aanschaf van meubelen voor de tuin, de patio of de veranda. Hier doen een in mediterrane stijl gewitte muur en trellis (boven) de elegante witte tafel en de bijpassende banken prachtig uitkomen.

Keuze aan materialen

Tot het uitgebreide assortiment materialen behoren hout, een combinatie van canvas en hout, metaal, met plastic bedekt metaal, metaal en canvas, steen en namaaksteen en ten slotte kunststof en in vorm gegoten glasvezel.

Meubelen kunnen in drie groepen verdeeld worden: tafels en stoelen die vooral zijn bedoeld om buiten te kunnen eten, meestal op een patio; stoelen, banken en ligstoelen waarop u lekker kunt zitten op een patio of op een ander plekje; en meubilair om op te zonnen.

Het meubilair moet bij de omgeving passen.

Het beste kunt u op natuurlijk uitziende oppervlakken meubelen gebruiken die van natuurlijke materialen zijn gemaakt. Een houten tuinameublement staat prachtig op straatstenen of op gras, maar veel minder mooi op lichtgekleurde tegels. Daar kunt u beter meubelen van witte kunststof op zetten.

Hout

Dankzij de natuurlijke kleur en structuur past hout goed in de tuin; het leidt de aandacht niet af van al het andere dat er te zien is.

GOEDE IDEEËN

BAKSTENEN BANKEN

Vaste banken zijn vooral praktisch in warme streken. Een patio is de aangewezen plek voor ingebouwde banken, vooral als ze deel uitmaken van een keermuur. Een bedekking van latten —vast of verplaatsbaar— maakt het zitten op een stenen bank comfortabeler.

Ook op een muurtje kunt u een bank maken, maar zorg dan wel voor een steun in de rug.

Harry Smith Collection

Als u het hout wit schildert, wordt het effect totaal anders. Het hout trekt dan onmiddellijk de aandacht, vaak ten koste van andere elementen. Dit nadeel kunt u in een voordeel veranderen als u probeert een lichte, zonnige, mediterrane sfeer te scheppen. Eiken meubelen zijn prijzig, maar ook duurzaam. Mettertijd krijgt het hout een lichte tint die harmonieert met vlakken van rode of bruine baksteen – het past daarom niet goed op een patio met lichte, heldere kleuren.

Banken kunnen bijna overal in de tuin worden neergezet. Een bank op een muurtje rond een patio (boven) biedt de vermoeide tuinier een welkome rustplaats. Van oude, verweerde stenen en een plank is in deze tuin (onder) een heel bijzondere bank gemaakt, die een omlijsting van gesnoeide buxus heeft gekregen.

Banken zijn ideaal om aan de rand van de tuin of op een terras of een plaatsje neer te zetten. Banken van eike- of teakhout gaan langer mee dan banken van een zachte houtsoort. Als u deze laatste goed onderhoudt en in de winter tegen regen en sneeuw beschermt, kunt u er toch jarenlang plezier van hebben. Banken zijn vaak gedemonteerd te koop, zodat u ze thuis in elkaar kunt zetten.

David Squire

Picknicktafels met banken eraan vast zijn erg in trek. Ze zijn ideaal voor gazons en terrassen. Vaak zijn zulke tafels geschikter voor kinderen dan voor volwassenen.

Krukjes en tafeltjes van hout die u uit kunt klappen, zijn ideaal om in de zomer op de patio te gebruiken. Wie van knutselen houdt, kan ze vrij gemakkelijk zelf maken. Let er wel op dat ze stevig zijn en niet in elkaar klappen als er iemand op gaat zitten.

Ouderwetse ligstoelen —met een lap stof die in een houten frame hangt— zijn nog steeds populair. Ze liggen lekker omdat ze zich aan elke lichaamsvorm aanpassen. U vouwt ze plat op, wat het opbergen vergemakkelijkt. U kunt er altijd een nieuwe lap stof in zetten.

Vouwstoelen die lijken op de stoeltjes die regisseurs op de filmset gebruiken, worden gemaakt van een frame met een zitting en een rugsteun van zeildoek. Voor mensen die slecht kunnen bukken, zijn ze geschikter dan ligstoelen.

Metaal

Metalen meubelen zijn duurzaam en kennen veel toepassingen. Traditionele smeedijzeren tafels, stoelen en banken hebben een rustieke charme die

Ron Sutherland/Garden Picture Library

PARASOLS

Goede ideeën

Grote parasols in frisse kleuren zijn in de zomer zeer welkom. De meeste zijn aangepast aan tuintafels. De draagstang gaat door een gat in de tafel en wordt verankerd in een met water of zand gevulde voet.

Als u in een gebied woont waar de lucht is vervuild, zult u het doek af en toe moeten reinigen. Laat de parasol 's nachts niet uitstaan en klap hem in als de zon niet schijnt.

goed past in een informele tuin. Moderne stalen meubelen met een strakke vormgeving –en wellicht witgeverfd– staan prachtig op een patio met een betegeling in heldere kleuren. Roest is het grootste nadeel van ijzeren meubelen, maar dit kunt u tegengaan door ze regelmatig van een laagje verf te voorzien. Een ander nadeel van metalen meubelen is dat ze hard zijn en niet zo lekker zitten. Metaal voelt vaak koud aan en in de zomer kan het gloeiend heet worden. Dit probleem lost u op met kussens.

Lichtgewicht vouwstoelen met een frame van aluminium en mooie canvaszittingen zijn comfortabel. Gewoonlijk zijn ze te koop met verstelbare rugleuningen en de meeste zijn voorzien van armsteunen. Hoewel aluminium niet-ijzerhoudend is en dus niet roest als het nat is, mag u het doek niet nat laten worden.

Voor een terras zijn rotanmeubelen handig, omdat ze licht en dus gemakkelijk verplaatsbaar zijn (boven). Bescherm ze wel tegen de regen.

Meubelen van met plastic bedekt metaal zijn sterk en roesten niet. Een ander voordeel is dat u ze met een nat doekje kunt schoonvegen.

'Harvest' range: P.J. Bridgeman & Co. Ltd., Enfield

Niets past beter in een natuurlijke omgeving dan een stevige houten tafel met stoelen (links). Eiken en teak zijn de duurzaamste houtsoorten, maar meubelen van zacht hout gaan ook verscheidene jaren mee als u ze goed behandelt met een middel dat het rotten tegengaat.

Kunststof

Kunststof heeft een revolutie in het tuinmeubilair veroorzaakt. Witte, plastic tafels en stoelen zijn overal te koop; vaak zijn ze in sets tegen aantrekkelijke prijzen verkrijgbaar. De stoelen zijn meestal stapelbaar en kunnen gemakkelijk opgeslagen worden voor de winter.

De vormgeving van de stoelen is heel verschillend. Gewoonlijk zitten ze goed, vooral als ze voorzien zijn van armleuningen en een hoge rug. U kunt ze de hele zomer buiten laten staan; na een regenbui haalt u er simpelweg een doekje over. De wat duurdere stoelen hebben kussens die u er gemakkelijk afhaalt.

Ovale en ronde tafels worden het meest gekocht. Vaak zit er een gat in het midden waar de parasol in kan staan. Vouwstoelen van stug, verstevigd plastic

Bramley Garden Furniture, Braintree

zijn overal verkrijgbaar. In de winter kunt u ze gemakkelijk opslaan.

Om het comfort ervan te verhogen, koopt u er zitkussentjes en gevulde dekjes voor de rugleuning bij.

Steen

Aangezien stenen meubelen altijd in de tuin blijven, dient u ze zorgvuldig te integreren in de omgeving. Ze mogen niet te opzichtig zijn, maar als ze fraai gebeeldhouwd zijn –de steunen bijvoorbeeld in de vorm van leeuwen of andere dieren–, mogen ze best gezien worden. Als u op een stenen bank of stoel zit, moet u een goed zicht op de tuin hebben.

Echt steen is altijd duur, maar veel bedrijven die beelden en andere tuinornamenten van namaaksteen verkopen, leveren ook mooie rechthoekige tegels, waarvan u zelf een bank kunt maken.

Gebruik hierbij een mengsel van acht delen zand op één deel cement om de zitting aan de steunen te bevestigen.

Dichtbebladerde struiken achter een stenen bank en ook bodembedekkers die alle kanten op groeien, versterken de eenheid tussen het object en zijn omgeving.

Heel charmant staan traditionele smeedijzeren meubelen (boven).

Een zonnewijzer (onder) of een beeld kan het middelpunt vormen van een open binnenplaatsje met een ingebouwde stenen bank.

Maak uw eigen zitplaats

Een deel van het plezier in tuinieren is iets scheppen dat je niet vaak in andere tuinen ziet. Een van de mogelijkheden daartoe is het maken van aparte stoelen en/of banken.

Het eenvoudigste type bank is een sterke plank van 1,2 tot 1,8 m lang, 25 tot 38 cm breed en circa 5 cm dik, die aan twee steunen van 45 cm hoog wordt bevestigd.

Als 'poten' zouden twee 13 tot 18 cm dikke blokken hout kunnen dienen, die u stevig ingraaft.

Vervolgens spijkert u de plank eraan vast – boor eerst gaten in de plank om te voorkomen dat ze splijt als u er dikke spijkers in slaat.

Een iets ambitieuzer project is een houten plank die in een achtergrond van dwergbuxus (*Buxus sempervirens* 'Suffruticosa') en groenblijvende struikjes wordt opgenomen.

Maak eerst steunen van oude, flink verweerde bakstenen die u met cement aan elkaar bevestigt.

Leg de plank erop en druk deze in de specie. Leid de buxus vervolgens langs de bank en knip hem later in een fraaie vorm.

TUINTIPS

BEELDEN IN DE TUIN

Beeldjes worden steeds populairder. Ze worden toegepast als blikvangers of als objecten die half verscholen tussen het groen staan. Speciale leveranciers –en ook veel tuincentra– hebben een groot assortiment beelden, van kabouters en konijnen tot goden en godinnen.

Derek Gould

GOEDE IDEEËN

VOGELBADEN

Met een vogelbad kunt u diverse vogels naar de tuin lokken, maar helaas komen er ook katten op af.

Als u het bad op een voet zet en er tot op 1 m steengruis omheen strooit, maakt u het voor een kat minder gemakkelijk om geruisloos dichterbij te komen.

S & O Mathews

Onderhoud van tuinmeubelen

Voor een lange levensduur is jaarlijks onderhoud en bescherming gedurende de winter essentieel, vooral voor houten meubelen. Zet wanneer het gaat regenen de tuinmeubelen binnen of onder een afdak – of dek ze af met met plastic.

Regen, sneeuw en temperaturen onder nul brengen schade toe aan hout, zodat het meubilair tegen de lente aan vernieuwing toe is. Natuurlijk kan de hete zomerzon even schadelijk zijn: de buitenkant van het hout droogt ervan uit en dun, niet-gehard hout trekt er krom door. Maak het oppervlak eerst glad met grof en vervolgens fijn schuurpapier en breng er dan verscheidene lagen verf op aan, waarbij u elke laag goed laat drogen voordat u de volgende opbrengt. Meubelen van teakhout onderhoudt u met teakolie.

Als u houten banken en tafels buiten laat in de herfst, zet ze dan op bakstenen, zodat ze niet in water komen te staan. Wikkel het meubelstuk in polytheen en bind dit stevig aan de poten vast. Haal alle houten meubelen van het grasveld af, want als ze daar in de winter blijven staan, gaan de poten gauw rotten. Laat houten ligstoelen nooit buiten.

Kijk metalen meubelen goed na op roest; elk roestplekje dat u vindt, haalt u weg met schuurpapier, waarna u het overschildert. Banken van steen en namaaksteen hebben in het voorjaar vaak een opknapbeurt nodig. Maak ze schoon met een sopje en een zachte borstel; de zeepresten spoelt u weg met schoon water.

Vogelbadjes trekken dieren aan en voegen charme toe aan een tuin, vooral wanneer ze te midden van een uitstalling van rozen staan (boven).

Vlij uzelf comfortabel neer op een ligbed of tuinstoel (onder). Dit meubilair van duurzaam plastic maakt luze zeer betaalbaar.

'Le Chateau' range: Besco Baron, Rochdale

OP WIELTJES

Vaak zitten er aan het ene uiteinde van een ligbed wielen aan de poten bevestigd en aan het andere uiteinde handgrepen, zodat u het gemakkelijk kunt verplaatsen.

Meestal zijn ze helemaal van wieltjes voorzien.

Ze zijn er van plastic, hout en van metalen buizen met plastic eromheen. Koop er matrassen bij, zodat u er heerlijk op kunt liggen.

Heel comfortabel zijn verstelbare hoofdsteunen.

Tuinornamenten

Ornamenten geven elke tuin een verrassende en interessante aanblik, of het nu gaat om stenen vazen, door de zee bewerkt wrakhout of eenvoudige tuinkabouters.

Onder tuinornamenten verstaat iedereen wat anders. De een denkt direct aan beeldjes, vazen en fonteinen. Bij de ander roept het eerder het knusse beeld van tuinkabouters en molentjes op. Natuurlijk zijn bovengenoemde objecten heel verschillend, maar dat wil niet zeggen dat u moet kiezen voor één soort versiering. Een imposante vaas sluit de aanwezigheid van een tuinkabouter niet uit. Het is allemaal een kwestie van persoonlijke smaak.

Strikt genomen zou een ornament geen ander doel mogen hebben dan als versiering te dienen. In werkelijkheid blijken ornamenten vaak zowel nuttig als decoratief te zijn. Voorbeelden hiervan zijn vogelbaden en zonnewijzers.

Persoonlijke stijl

De meeste mensen houden ervan hun eigen smaak en stijl tot uitdrukking te brengen in hun kleding en woning. Wanneer u kiest voor bepaalde kleuren, wandversieringen en andere ornamenten, geeft u uw huis een persoonlijke stijl.

Ook buiten de vier muren van uw huis kunt u uw creativiteit tonen en uw persoonlijkheid tot uitdrukking brengen, en wel in uw tuin. Kleuren, structuur en ornamenten kunnen de lap grond waarover u beschikt tot een fascinerende uitbreiding van uw huis maken.

Om te voorkomen dat u vergissingen maakt, zult u de tijd moeten nemen om te overwegen wat u met uw tuin wilt.

Eric Crichton

Dit beeld (rechts) komt prachtig uit tegen de donkere achtergrond van groenblijvende planten. De eenvoud van het groen past goed bij de buste.

Eric Crichton

Een mobiel die tinkelt als de wind erdoor speelt (boven), koopt u in de winkel of maakt u zelf van schelpen en stukjes glas en hout die u op het strand vindt. Het geeft uw tuin iets vrolijks.

Een zonnewijzer (onder) is zowel nuttig als decoratief. Maak uw keuze uit echte antieke zonnewijzers of replica's daarvan en modernere ontwerpen.

Harry Smith Collection

Moet hij formeel of informeel zijn? Wilt u hem in één stijl houden of verschillende tuingedeelten met elk een eigen sfeer creëren?

De beslissingen die u in dit vroege stadium neemt, zullen mede bepalen welke ornamenten u kiest. Wat u ook besluit, ga niet onmiddellijk tot een aankoop over. Nadenken en eerst eens wat rondkijken besparen op de lange duur tijd, energie en geld. Als u in uw hoofd hebt hoe de versiering van de tuin er ongeveer uit moet komen te zien, zult u een heel andere kijk op de dingen om u heen krijgen. Tuinornamenten hoeft u niet altijd in een tuincentrum te kopen. Wat ooit een stuk afval of een strandvondst was, kan een bijzonder ornament worden.

De natuur voorziet in een hele serie mooie dingen die u kunt gebruiken om de charme van uw tuin te verhogen. Als u naar de kust gaat, zoek dan naar interessante stukken wrakhout. Langdurige blootstelling aan zee, zand en golven geeft vaak prachtige vormen en een aparte structuur aan hout. Als natuurlijke sculpturen verfraaien dergelijke vondsten uw tuin. Zet ze apart neer of neem ze op in een arrangement van rotsen, schelpen en stenen.

Strandvondsten

Grote, vrij platte schelpen kunt u langs een perk of een pad in een landelijke of informele tuin leggen. Een schitterende variant hierop krijgt u als u ze in heldere, watervaste kleuren verft. Dit is vooral handig in een schaduwrijke border die opgevrolijkt moet worden. Een subtielere benadering is natuurlijke tinten uitkiezen die bij bepaalde planten passen of er juist bij afsteken.

Kleinere schelpen kunt u rond planten in potten en bloembakken in de buitenvensterbank strooien als aantrekkelijk alternatief voor grind of kale aarde. Met wat bijzondere schelpen en stenen die u van een vakantie in een ver, zonnig oord hebt meegenomen, kunt u vijvers en fonteinen verfraaien.

Op het strand zijn vaak ook stukjes gekleurd glas en aardewerk te vinden, die glad zijn geslepen door de golven. Hiervan kunt u mooie, speelse mobielen maken om aan een pergola, een boomtak of aan een lamp te hangen. Ook schelpen en stukjes gepolijst drijfhout kunt u hiervoor gebruiken. Als u het materiaal zorgvuldig uitzoekt, kan het in de wind geluid maken.

Als in het bos

Blokken hout en boomstronken kunnen ook een decoratieve functie vervullen in uw tuin. Bij elkaar gezette houtblokken van verschillende afmetingen kunnen als prachtige steunen voor bloempotten dienen. Vul de potten met allerlei bolgewassen, sleutelbloemen en verschillende soorten klimop. Zo'n arrangement staat bijzonder mooi op een stenen trap of op een patio. Een grindpad wordt verzacht door zo'n 'stukje bos', dat vooral door de verschillen in hoogte en structuur zo aantrekkelijk is.

Harry Smith Collection

Patrick Johns/Collections

Let erop dat het type ornament past bij de stijl van uw tuin. Deze rustieke handpomp en de stenen trog (links) zijn op hun plaats in deze landelijke tuin, maar zouden misplaatst zijn in een meer formele omgeving.

Dit gestileerde vogelbad (linksonder) past zowel in een formele als in een informele tuin.

Een oude boomstronk hoeft niet lelijk te staan (onder). Zet er potten op met planten erin, of maak er een uitholling in die u vult met tuinaarde en beplant met zomerbloeiers.

Rustieke kuipen van diverse afmetingen maakt u van houtblokken door er simpelweg een uitholling in te maken en er gaten in te boren waardoor het water kan weglopen. Doe er een flinke laag potscherven in voordat u ze met aarde vult en beplant ze op de gebruikelijke manier. Buiten staan ze mooi als bloembakken in de vensterbank. Zaag ze aan de onderkant wel vlak af, zodat ze stevig staan. Dergelijke bloembakken kunt u ook kopen, maar als u ze zelf maakt, bespaart u heel wat geld.

Boomstronken die in een perk of een grasveld zijn blijven staan, hoeven geen storend element te zijn. Zet er eens potten met bloemen op. Een ander idee is er een laag fijn grind op te strooien en daar een ondiepe bak in te plaatsen. Maak een mengsel van scherp zand en compost en breng dit aan rond de bak, zonder helemaal tot aan de randen van de stronk te

Harry Smith Collection

UIT TWEEDE HAND

Beschilderde blikken zijn aparte tuinornamenten die u heel goed als plantenbakken kunt gebruiken. U kunt overal inspiratie opdoen; let eens op de volgende zaken.

- Motieven op aardewerk, zoals rozen en boerenbont. Ze staan prachtig op een donkere ondergrond.
- De schitterende motieven en kleuren op kramen van een ouderwetse kermis.
- De patronen die de oude Grieken en Kelten gebruikten. Ze zijn opvallend eenvoudig als u ze van dichtbij bekijkt.
- De prachtige motieven die in de jaren '30 in gebrandschilderd glas, op radio's en in tuinhekken werden toegepast.
- De motieven in boeken over dit onderwerp. Kijk ook eens rond in uw huis en teken dessins van stoffen of serviesgoed na.

Harry Smith Collection

Na al dit 'serieuze' voorbereidende werk mag u niet vergeten dat uw tuin een plek is waar u geniet en plezier hebt. Laat uw tuinornamenten daarom zo frivool zijn als u wilt. Deze tuin (links) krijgt een humoristische noot door een speelse kat die zich langs de muur laat zakken om een imaginaire prooi te grijpen.

Photos Horticultural

De klassieke stenen vaas (rechts) is nog steeds populair en kan in elke tuin een plaatsje vinden. De sterke vorm ervan heeft geen verfraaiing nodig: het effect zou juist verloren gaan als er planten in werden gezet. Het enige nadeel van zo'n vaas is de prijs.

S & O Mathews

Een ander ornament in de vorm van een dier. Dit onschuldig uitziende witte katje (linksonder) kijkt op uit een zee van sneeuwklokjes. Grappige ornamenten als deze staan het best in een natuurlijke, informele tuin.

gaan. Leg hier fraai gevormde stenen en keitjes op, tot aan de rand. Plant rotsplantjes, kleine bolgewassen en eventueel ook wat bontbladige klimop langs de rand. Wanneer u de bak met water vult, hebt u een heel aardig vogelbad.

Gooi nooit iets weg voordat u zeker weet dat het geen tuinornament kan worden. Wat gisteren afval was, kan vandaag een schat zijn. Blikken van verschillende afmetingen waar ooit verf of olie in heeft gezeten, kunt u in felle kleuren schilderen en als plantenbakken gebruiken. Een buitentrap kan een totaal ander aanzien krijgen door op elke trede potten met planten te zetten. Ooievaarsbekken staan er heel goed in en geven uw tuin een mediterraan aanzicht. Kruipende planten geven een cascade van bloemen, en varens en andere bladplanten zorgen voor welig groen op beschaduwde plekken. Vergeet niet onderin de blikken gaten te maken voor de afwatering en doe er flink wat potscherven in.

Ook op oude schoorstenen en in ketels, theepotten, ovenschalen en steelpannen kunt u planten zetten. Oude kruiwagens en metalen emmers kunt u beschilderen met mooie motieven en vullen met zomerbloeiers.

Ook nu weer legt u potscherven op de bodem voordat u er aarde in doet.

Winkels kijken

Misschien hebt u al een plan voor uw tuin en een vastomlijnd idee over de ornamenten die u wilt kopen. Ga echter eerst bij verschillende tuincentra kijken, want de prijzen variëren nogal.

Als u graag wilt dat uw beeld, vaas of trog er verweerd uitziet en bedekt raakt met (korst)mos, dient u een zorgvuldige keuze te maken. Mos slaat niet aan op beton, maar betonnen ornamenten kunnen wel behandeld worden met een preparaat waar-

door er wèl mos op groeit. Ornamenten gemaakt van verpulverd steen, zand en cement zijn een andere optie. Natuurlijk is echt steen het mooist –vooral als het oud en verweerd is–, maar het is nogal duur.

Liefde op het eerste gezicht

Soms is het liefde op het eerste gezicht: uw oog valt op een ornament en u wilt het absoluut hebben. U vergeet terstond alle ideeën over een zorgvuldige planning. Maak u geen zorgen, want het is altijd mogelijk uw tuinontwerp aan te passen aan een ornament. Het zou zelfs de inspiratie kunnen blijken te zijn die u nodig hebt.

Een klassieke vaas of een beeld op een sokkel is heel geschikt voor een formeel kader met het ornament als middelpunt. Een andere mogelijkheid is het tussen weelderig groen te zetten. Dat plekje krijgt dan iets geheimzinnigs en een zweem van vergane glorie. Om deze indruk te versterken, laat u het beeld of de vaas overwoekeren door donkere klimop. Zet het ornament op verschillende plekjes neer totdat u er zeker van bent dat u de beste plaats hebt gevonden. Een stenen pad, een tuinkabouter of een ander figuurtje dat vanonder een heg of tussen de bloemen door gluurt, kan een nogal saai stukje tuin knusser en vrolijker maken. Een stenen kat kan op een boomtak of een muurtje zitten spieden of tussen de bloemen van een clematis door loeren die langs een muur of in een boom is geleid.

GOEDE IDEEËN

DONKERE HOEKJES

V Een deel van mijn tuin is nogal donker door de nabijheid van de garage en een stenen muur. Wat kan ik doen om het minder saai te maken?

A Het bevestigen van een grote spiegel aan de muur met trellis eromheen om de randen ervan te verzachten, zal een gevoel van ruimte en licht geven. Vraag bij de aanschaf of de bedekking van de achterkant geschikt is voor gebruik buitenshuis. Laat klimplanten tegen het latwerk groeien en voeg een bijzonder ornament toe. Plaats het zo dat het door de spiegel wordt weerkaatst.

Eric Crichton

De traditionele felgekleurde tuinkabouter (boven) gaat niet op in zijn omgeving, maar springt er altijd uit. Waar hij ook staat, hij zal altijd een vrolijke, zorgeloze sfeer scheppen.

De magie van dieren

Stenen leeuwen of vazen kunnen er aan weerszijden van een trap of de toegang tot een binnenplaats heel indrukwekkend uitzien. Een beeldje van een reekalfje of een hert roept het beeld op van een vredige open plek in het bos. Stenen vossen en dassen die onder de bomen tussen wilde bloemen door gluren, doen u helemaal vergeten dat u in een tuin bent.

Door een inventieve en fantasievolle toepassing van ornamenten verandert u uw tuin in een boeiend, verrassend en vrolijk sprookjesland. Een ornament maakt een saai hoekje interessant, of het nu om een eenvoudig beeldje of een verzameling felgekleurde blikken gaat. Met de eenvoudigste middelen kunt u een fantastisch resultaat bereiken.

Eric Crichton

Stenen leeuwen zoals dit fraaie exemplaar (rechts) zijn traditionele tuinornamenten. Ze staan vooral mooi aan weerszijden van een deuropening of naast een ingang van een formele tuin.

Speelplekken

Kinderen vinden het heerlijk om buiten te spelen. Met wat fantasie en zorg schept een tuinier een aangename en stimulerende omgeving waarin ze veilig kunnen opgroeien.

Harry Smith

Een tuingedeelte dat voor kinderen is bestemd, hoeft er niet lelijk uit te zien. Gebruik ruwe palen, boomstammetjes en gemalen schors en creëer een speelplek die past in het algehele ontwerp van de tuin (boven).

De lijst van dingen waaraan u moet denken als u een tuin wilt aanleggen, kan ontmoedigend zijn. Welke planten gedijen in de schaduw en welke houden van felle zon? Waar moet de schuur komen? Wilt u een rotstuin, een waterelement en ornamenten in de winter en geur in de zomer hebben? Hoe hoog zal die boom worden en is er ruimte voor?

Het snuffelen in boeken en bladen over tuinieren kan u zowel razend enthousiast maken als in verwarring brengen. U zou dolgraag willen beginnen, maar wat moet het eerst gebeuren? Misschien jeuken uw handen als u in de wintermaanden al die vrolijke tuincatalogi bestudeert. Voordat u van alles gaat bestellen, kunt u beter de tijd nemen en rustig nadenken over wat u precies wilt.

De eerste vraag die u uzelf dient te stellen, heeft niets te maken met planten, vijvers of schuurtjes. Wie zullen de tuin gaan gebruiken en waar hebben zij behoefte aan?

Het is bekend dat de meeste ongelukken thuis gebeuren. Met dit in gedachten gaan de meeste mensen heel zorgvuldig te werk bij het inrichten van hun huis; bij het maken van plannen wordt rekening gehouden met de belangen van de gezinsleden. Op dezelfde manier dient u een tuin te ontwerpen.

Een plaats om te spelen

Jonge kinderen hebben zowel in huis als buiten veilige plekken nodig om te spelen. Ook de kleintjes worden ouder en krijgen andere interesses, dus moeten plannen flexibel zijn en de overgang van zandkuil naar een plek voor balspelletjes mogelijk maken. Hoe u uw tuin wilt inrichten, hangt vooral af van de afmetingen ervan. In een grote tuin kunt u een deel als speelplaats reserveren, maar vergeet niet dat kinderen er graag op uit trekken en dat de rest van de tuin dus ook veilig moet zijn.

Vooral voor kleinere tuinen is er een schema nodig waarin u rekening houdt met de behoeften aan recreatie en veiligheid van iedereen. Als u zorgvuldig plant, kunt u een tuin creëren waarin uw kinderen heerlijk kunnen spelen en volwassenen rust en ontspanning vinden.

Een tuin kan een gevaarlijk oord zijn. De meest in het oog springende gevaren zijn chemicaliën en gereedschappen. Berg ze zo op dat kinderen er niet bij kunnen; een schuur met een

Pippa Johnson/Life File

In kassen is van alles te zien en te ruiken dat de nieuwsgierigheid van kinderen prikkelt. Alle gevaarlijke stoffen moeten daarom buiten het bereik van onderzoekende vingertjes blijven (links).

Alle kinderen vinden het fijn een eigen plekje in de tuin te hebben, of dat nu een speciaal miniatuurhuisje is (onder) of een omgebouwd schuurtje.

stevig slot is de beste oplossing. Voor wie weinig ruimte heeft, zijn er schuurtjes verkrijgbaar ter grootte van een kast.

Een huisje om in te spelen

In een kleine tuin is misschien niet genoeg ruimte voor een schuurtje èn een huisje om in te spelen. Zo'n huisje trekt kinderen van alle leeftijden aan: van peuters tot de tiener die een stel vrienden op bezoek heeft. Met een beetje overleg en enige vaardigheid in het knutselen kunt u in het huisje een veilige opbergplaats maken. Chemicaliën en kleine gereedschappen kunt u bewaren in een afgesloten kistje dat tevens dienst doet als zitje bij het raam. Grotere gereedschappen bergt u achter slot op in een rechtopstaande kast, die met wat verf en fantasie als schoorsteen of keukenwand is vermomd. Controleer of de ramen van het huisje van veiligheidsglas zijn. Later, wanneer de kinderen groot zijn, kan het huisje gewoon weer een schuurtje worden, tenzij u er een tuinhuis van wilt maken.

Het is niet alleen leuk om ergens in te klimmen, voor de ontwikkeling van een kind is het ook noodzakelijk. Zorg voor een klimrek om schade aan bomen, schuttingen en muren te voorkomen.

Nicola Sutton/Life File

Marshall Cavendish

Als u een boom hebt die er groot genoeg voor is, is een hut tussen de takken (links) een ideale schuilplaats voor oudere kinderen.

VEILIGHEID VOOR ALLES

Als er kinderen in een tuin zijn, dient uw eerste zorg hun veiligheid te zijn.

- Bewaar chemicaliën **nooit** in iets anders dan de oorspronkelijke verpakking. Giet de inhoud niet over in limonadeflessen of iets anders.
- Gooi meteen na het spuiten alle restjes weg en maak de spullen waarmee u spuit onmiddellijk na gebruik grondig schoon.
- Bewaar chemicaliën en meststoffen, óók de organische, **altijd** achter slot en grendel.
- Verzeker u ervan dat schuttingen en hekjes veilig voor kinderen zijn.
- Houd alle tuingereedschappen buiten het bereik van onderzoekende kinderen.
- Laat kleine kinderen in een tuingedeelte spelen dat dicht bij huis ligt, zodat u een oogje op ze kunt houden.
- Laat kinderen **nooit** alleen naar een vijver gaan, hoe ondiep die ook is. Kleine kinderen kunnen al verdrinken in water dat maar 4 cm hoog staat.
- Leg een speelplaats niet aan naast een tuingedeelte dat gevaarlijk kan zijn voor kinderen (vijver, kas enz.).

BUITEN IN DE KLAS

Kinderen kunnen schade aanrichten in de tuin. Ruwe spelletjes zijn verwoestend voor gras en borders. Breng daarom uw kinderen eerbied voor de natuur bij; uw tuin kan uitstekend als klaslokaal dienen. Laat ze zien hoe leuk tuinieren kan zijn.

Uw kinderen kunnen al op heel jonge leeftijd 'meehelpen'. Vertel wat u aan het doen bent en wijs ze op interessante dingen. Leg ze ook uit wat gevaarlijk is.

Help uw kroost hun eigen tuintje te maken en geef ze snelgroeiende en kleurige planten, zodat ze niet te lang op resultaat hoeven te wachten. Laat ze ook plantjes opkweken uit zaad.

Maak uw tuin aanlokkelijk voor dieren, zodat ze iets leren over vogels, insekten en amfibieën.

Help uw kinderen een dagboek bij te houden van gebeurtenissen in de tuin, zoals het ontluiken van bloemen of bezoekjes van vogels en vlinders.

Dergelijke lessen zullen uw kinderen niet alleen leren uw kostbare planten te ontzien, maar vormen ook een waardevolle bijdrage tot hun algemene ontwikkeling.

Ann Kelley/Garden Picture Library

Een goed idee is een houten constructie in de vorm van een tipi te bouwen. Met vloerkleden of oude dekens eroverheen wordt het een echte tent. Kinderen vinden het heerlijk in en rond een tent te spelen. Wanneer uw kinderen er te groot voor zijn geworden, hoeft het geraamte niet weg. Als u er klimplanten zoals clematis, kamperfoelie of rozen in laat groeien, is het binnen de kortste keren een sieraad voor uw tuin.

Waterelementen

Water is altijd een betoverend element in de tuin, waar in het wild levende dieren op af komen. Een stille, spiegelende vijver, een kabbelend watervalletje en een ruisende fontein werken heel rustgevend.

Een klein kind kan echter al in heel ondiep water verdrinken. Daarom is het heel belangrijk dat wanneer u een vijver wilt aanleggen, deze op een plaats komt waar u hem gemakkelijk in het oog kunt houden. Laat een peuter nooit zonder toezicht naar de vijver gaan. Wellicht is de veiligste oplossing helemaal geen vijver te nemen totdat uw kinderen groot genoeg zijn om zich van het gevaar bewust te zijn.

Als u in een huis gaat wonen waar al een vijver aangelegd is, brengt u een beveiliging aan. Een decoratieve omheining is één mogelijkheid; een andere is de vijver droogleggen en er een zandbak van maken. Wanneer de kinderen groot zijn, kunt u hem altijd weer als vijver gebruiken.

Grasvelden

Veel mensen vinden een tuin geen echte tuin als er niet ergens een grasveld is. Het ideaal is natuurlijk een glad gazon zoals u dat op foto's van deftige 'Engelse' tuinen ziet. Hoe prachtig zulke gazons ook zijn, ze zijn niet bestand tegen een druk gezinsleven. Misschien wel tegen een beschaafd balspel, maar niet tegen de wilde spelletjes van uw kinderen en hun vriendjes. De oplossing is om voor uw grasveld zorgvul-

Kinderen 'helpen' graag in de tuin (boven). Laat ze in een eigen stukje tuin gemakkelijke en kleurige planten opkweken, zoals zonnebloemen. De meeste kinderen spelen liever: als u er de ruimte voor hebt, doet u ze een groot plezier door een stalen klimrek (onder) te plaatsen.

Ann Kelley/Garden Picture Library

David Squire

Vijvers werken als een magneet op kinderen, vooral als er vissen in zwemmen (rechts). Ze zijn echter heel gevaarlijk. Een lage keermuur zoals op de foto is niet voldoende; plaats een omheining tot op borsthoogte om te voorkomen dat ze in het water tuimelen.

dig zaad of graszoden uit te zoeken. Er zijn veel typen gras, maar slechts een aantal daarvan is geschikt voor grasvelden. Geen enkele variëteit kan in haar eentje voor een goed grasveld zorgen; ze moet vermengd worden met andere soorten. Het mengen van deze graszaden is een proces dat veel vakkundigheid vereist. Voortdurend worden er betere mengsels ontwikkeld.

Voor een grasveld dat bestand is tegen ravottende kinderen, hebt u een mengsel nodig met naar verhouding veel meerjarige raaigrassen. Deze zijn veredeld tot laagblijvende grassen met smalle bladeren die stampende voetjes goed kunnen verdragen.

Als u besluit graszoden in plaats van zaad te kopen, is de keuze beperkter. Het is soms moeilijk te achterhalen welk zaadmengsel is gebruikt om de graszode te produceren. Ook is dan niet duidelijk hoe sterk het gras zal zijn. Bovendien zijn graszoden duurder dan zaad en in zoden van slechte kwaliteit kunnen onkruid, beestjes en ziektekiemen zitten.

Tegenover deze nadelen staat het voordeel dat u na het leggen

PROJECT

INTEGRATIE VAN EEN SPEELPLEK

De beslissing of u een deel van de tuin voor spelende kinderen reserveert of niet, hangt deels af van de grootte van uw tuin. In een kleine tuin is er gewoon geen ruimte voor.

Zelfs als u een uitgestrekte tuin hebt, moeten heel jonge kinderen om veiligheidsredenen dicht bij huis spelen. Daarom is het belangrijk dat het er daar leuk uitziet.

Gebruik zo veel mogelijk natuurlijke materialen. Een zelfgemaakt houten bouwsel kan later een interessant raamwerk worden waar u klimpanten overheen laat groeien.

Aan de ene kant van een pergola zou u een klimrek kunnen maken. Op deze manier wordt het rek letterlijk opgenomen in de tuin. In het begin laat u slechts over een gedeelte van het houten geraamte klimplanten groeien. Wanneer uw kinderen groot zijn, beplant u de rest.

Breng op de speelplek een laag schorssnippers aan; die maakt zowel het landen als de omtrekken zachter. Spreid ze uit in een aantrekkelijke vorm, tot aan een border of een pad, zodat het lijkt alsof de speelplek en de tuin in elkaar overgaan.

Gebruik dezelfde soort schors in een ander tuingedeelte als mulch voor bomen en struiken. Dan komen de kleur en de structuur van de ondergrond van de speelplek elders terug, wat de eenheid van de tuin verhoogt.

LEUK EN NIET DUUR

Geef aan klimrekken e.d. niet veel geld uit. Bedenk dat kinderen heel snel opgroeien en dat ze andere interesses krijgen. Hier volgen enkele geldbesparende tips:

- Houd de toekomst in het oog. Maak als het enigszins kan klimrekken e.d. die later in fraaie tuinelementen veranderd kunnen worden.
- Geef de zandbak een interessante vorm en maak er een vijver van wanneer uw kinderen te groot zijn geworden om erin te spelen.
- Gebruik een oude band van een vrachtwagen of een tractor als zandbak.
- Boomstammetjes, die in tuincentra te koop zijn, worden gewoonlijk voor perkranden gebruikt. Als u ze om een zandbak heen plaatst, kunt u later een opgehoogd bed maken door de bak te vullen met tuinaarde.
- Hang een schommel aan een constructie van ruw hout. Wanneer u de schommel eraf haalt, houdt u een geraamte voor klimplanten over.

Lillian Cowling/Life File

In de fantasie van kinderen verandert een stoer klimrek als dit (rechts) in een boot, een huis, een brug of een fort. Ze zullen altijd wel een keer vallen, maar een dikke laag schorssnippers voorkomt ernstige verwondingen (rechts).

van graszoden vrijwel onmiddellijk een grasveld hebt. Dit kan heel prettig zijn als u snel een speelplek nodig hebt die vriendelijker voor de knieën is dan grind of beton.

Als uw tuin groot genoeg is voor een schommel, glijbaan en/of klimrek, zorg dan voor een zachte 'landing'. Gras kan geschaafde knieën voorkomen, maar een grasveld dat in de zon ligt te bakken, is nog altijd behoorlijk hard. Beter materiaal voor zo'n speelplaats is schors.

Slijtvaste gemalen schors –in tuincentra te koop als mulch– is bijzonder geschikt als bodembedekking voor een speelplek. Wees er niet zuinig mee; breng overal op de speelplaats een dikke laag aan. Later kunt u het nog altijd gebruiken als deklaag rond bomen en heesters. U kunt uw kinderen nooit voor alle ongelukken behoeden. Het ligt in de aard van kinderen hun omgeving te verkennen en tot de grens van hun kunnen te gaan. Ze zullen steeds proberen iets hoger te klimmen en van iets grotere hoogte te springen. De schrik slaat u misschien om het hart als u ze zo bezig ziet, maar deze ontdekkingstochten zijn essentieel voor hun ontwikkeling. Met verbeeldingskracht en een goede planning wordt een tuin zowel een veilige plaats om te spelen als een plek waar ze de natuur kunnen ontdekken.

Kleine kinderen hebben vaak niet veel geduld en zijn zelden geboren tuiniers. Maar als u ze een eigen tuintje geeft (onder), kunnen ze de vaardigheden voor het opkweken van planten onder de knie krijgen.

GOEDE IDEEËN

VEILIG WATER

Een mooi alternatief voor een vijver is een fontein die water over keitjes laat klateren. Plaats tussen de steentjes een schaal die als vogelbad dient.

Zo'n tuinelement laat kinderen de schoonheid van water zien en beleven zonder dat het gevaar voor ze oplevert. Later kan de fontein deel uitmaken van een vijver.

Harry Smith

Perkranden

Stijlvolle randen van lage planten of harde materialen, zoals straatstenen, houtblokken of schelpen, versterken het karakter van uw borders.

Eric Crichton

Perkranden waren in de victoriaanse tijd immens populair. Symmetrische bedden met eenjarigen in eenvoudige geometrische patronen werden altijd afgewerkt met formele randen.

De methode is ook geschikt voor tuinen in een andere, minder formele stijl. Zo zag je in romantische, rommelige, victoriaanse cottage-tuinen vaak rijen van sint-jakobsschelpen als omranding van bedden. Tegenwoordig zijn houtblokken nog steeds populair als omlijsting van paden in wilde of beboste borders.

Moderne tuinen bevatten vaak een aantal bedden met elk een ander 'thema'. Welke bedden of andere elementen u ook in uw tuin hebt, een zorgvuldig gekozen omranding die het karakter ervan beter doet uitkomen, maakt ze helemaal af.

Perken met eenjarigen, in victoriaanse stijl, zijn weer in de mode. Steeds populairder wordt een bepaalde vorm hiervan: 'carpet bedding'. Hierbij wordt in een rond of vierkant bed een patroon gemaakt als van een tapijt, meestal met bloeiende plantjes. Soms staan in het midden hogere planten

Een pad van grind, zoals hier, of van straatsteentjes, tegels of teersteenslag kan op zich al als afbakening van een perk dienen. Deze functie wordt benadrukt door een rand van bakstenen, blokken hout, boomstammetjes, rotsen of ander hard materiaal. De beplanting zelf vormt vooraan een rand van petunia's en viooltjes.

om het dessin wat meer reliëf te geven. In elk geval is een formele omranding met heel lage planten, om het bed van het omringende grasveld af te scheiden, essentieel om het schema te doen slagen.

Vaak kiest men voor *Alyssum*, maar alle eenjarigen die laag blijven en keurige bosjes vormen, zoals lobelia, ageratum, afrikaantjes of scheefkelkjes, kunnen voor dit doel dienen.

In de herfst haalt u de tuinplantjes weg en vervangt u ze door traditionele lentebloeiers als muurbloemen en/of bollen. In het voorjaar zal dit bed er mooi uitzien met primula's of sleutelbloemen langs de rand.

Border met overblijvende bloeiende planten

Dit type border wordt traditioneel omrand met hard materiaal en niet door lage plantjes. Lange, rechte borders hebben formele randen, maar een modern, geïsoleerd bed wordt zelden op deze manier aangelegd.

Omrand de border met metaal of met langwerpige blokken van echt of namaaksteen die langs de voorkant van het bed

GESCHIKTE PLANTEN VOOR RANDEN

Plant	Kleur	Hoogte	Opmerkingen
Ageratum	Roze, wit, blauw	15-20 cm	Halfwinterharde eenjarige
Alyssum	Roze, wit, zachtpaars, paarsrood	7,5-10 cm	Winterharde eenjarige
Anagallis	Zuiver blauw	15-23 cm	Behandelen als een halfwinterharde eenjarige
Schermscheefbloem (*Iberis umbellata*)	Roze, wit, lila, karmijnrood	23 cm	Winterharde eenjarige
Bellis perenis	Roze, wit, karmijnrood	10-15 cm	Winterharde tweejarige
Buxus (*Buxus sempervirens* 'Suffruticosa')	Groenblijvende struik	Snoeien tot 10-20 cm	Formele rand; geschikt voor geometrische figuren
Afrikaantjes (*Tagetes patula*)	Oranje, geel, roodbruin	15 cm	Halfwinterharde eenjarige
Lavendel 'Munstead Dwarf'	Groenblijvende struik met zachtpaarse bloempjes	30 cm	Formele rand; bestand tegen geregeld snoeien
Polyanthus (*Primula*-hybriden)	Vrijwel alle kleuren	15-25 cm	Behandelen als een winterharde tweejarige
Sleutelbloem (*Primula vulgaris*)	Vrijwel alle kleuren	7,5-15 cm	Behandelen als een winterharde tweejarige
Rozemarijn (*Rosmarinus officinalis* 'Miss Jessopp's Upright')	Altijdgroene struik met blauwe bloempjes	1 m	Bestand tegen flink snoeien, mits dit regelmatig gebeurt
Cerastium tomentosum	Wit	15 cm	Vaste plant die gauw woekert

TUINTIPS

HET OMRANDEN VAN EEN PUINBED

Rotsplantjes staan meestal in een puinbed, met een lage keermuur die de contouren aangeeft. Het is belangrijk dat deze muur past bij de planten.

Steen is de meest voor de hand liggende keuze. Tegenwoordig produceren fabrikanten muurstenen van namaaksteen en zelfs blokken die nauwelijks van natuursteen te onderscheiden zijn.

Om het natuurlijke effect te versterken, brengt u na het beplanten van het bed een toplaag van losse stukjes steen aan. Laat deze steentjes in kleur en structuur overeenkomen met de rand.

Derek Gould

Photos Horticultural

Langs een pad (links) is een opeenvolging van verschillende materialen heel effectief. Naast de tegels is een dubbele rij bakstenen gelegd en daarnaast een strook grind. Het bed is afgezet met een vlechtlijst van terracotta.

Een rand van laagblijvende eenjarigen (blz. 86) vormt een aardige omlijsting voor een bloemperk. Hier ziet u Alyssum *'Snow Cloth' naast* Pelargonium *'Chérie'.*

Een brede geplaveide rand (linksonder) scheidt hier een grasveld van een bloembed. Als u kruipplanten in de spleten laat groeien, krijgt het geheel een vriendelijk aanzicht. Het bloemperk heeft een zwarte omranding in victoriaanse stijl.

Een opgeboogd bed (onder) kunt u met allerlei harde materialen omranden. Op de doormidden gesneden stammetjes sluit het pad van schorssnippers mooi aan.

GOEDE IDEEËN

WATERELEMENT

De lelijke randen van vijvers van voorgevormde glasvezel of met een bekleding van polytheen kunt u het beste maskeren.

Als u een rand van platte tegels aanlegt, is het probleem opgelost. Hij biedt tevens het voordeel dat u het leven in de vijver kunt bekijken zonder uit te glijden.

Voor een formele vijver is een rij van regelmatig gevormde, voorgestorte betontegels ideaal.

In een informeel kader past een minder rechtlijnige rand van natuur- of namaakstenen van verschillende afmetingen.

Nog informeler is een dichte beplanting —met lissen en riet— langs de oevers.

Andrew Lawson

Eric Crichton

in de aarde steken. Laat ze 5 tot 7 cm boven de rand van het grasveld uitkomen.

Dergelijke materialen zorgen voor een stevige rand om het grasveld; het geeft niet als iemand erop gaat staan om de bloemen te bekijken. Tevens voorkomen ze dat het gras zich uitbreidt naar het perk, zodat er een keurige, scherpe afscheiding blijft bestaan.

Ze maken het ook mogelijk de rand van het gras keurig bij te houden met een kantjesmaaier, want ze hebben een hard oppervlak waartegen het apparaat afstoot, zodat het de planten in het bed niet kan beschadigen.

Heel geschikt als borderrand is ook een rij tegels die u plat langs de voorkant van het bed legt. U hebt dan een stevig, droog pad van waaraf u kunt wieden, planten en schoffelen.

Vaste planten die overhangen aan de voorkant van het bed, buigen over het pad en niet over het gras. Wanneer u in de herfst alle dorre stengels en alle verwelkte bladeren verwijdert, zal uw gazon er dan ook keurig bij liggen, zonder de gebruikelijke halfronde gele of bruine plekken met verdord gras.

GOEDE IDEEËN

EEN SUBTROPISCHE BORDER

Traditioneel wordt het patroon in een 'carpet bed' gevormd door bloeiende planten, maar u kunt hiervoor ook bladplanten gebruiken. Plant voor de zomer succulenten uit met hier en daar een yucca ertussen. Zet langs de rand rozetvormige echeveria's, bij voorkeur de soort met de prachtige poederig blauwe bladeren.

Met echeveria's en grotere 'exoten', zoals siernetels of zelfs sierkool, omrandt u minder formele subtropische borders. Hierin staan hoge planten zoals bloemriet, *Fatsia* en Nieuwzeelands vlas achteraan en naar voren toe steeds lagere planten, zoals *Osteospermum*. De planten vormen samen een natuurlijk uitziend geheel, maar de rij planten langs de rand geeft het geheel een formeel aanzicht.

Border in cottage-stijl

In ouderwetse cottage-tuinen werd het pad naar de voordeur vaak omrand door een enkele rij kokkelschelpen. Achter de schelpen volgde een aantal rijen van verschillende bloeiende planten, die opliepen in hoogte.

Vooraan stonden dubbele madeliefjes (*Bellis perennis*) of *Saxifraga granulata*, terwijl achteraan keizerskronen, lavendel, anjers, gladiolen of tulpen oprezen. Achter deze formele afscheiding bevond zich de traditionele willekeurige mengeling van bloemen, fruitbomen en heesters.

Eenzelfde gelaagde beplanting verhoogt de charme van een modern tuinhoekje in cottage-stijl. Bij viswinkels of restaurants kunt u sint-jakobsschelpen krijgen. U kunt ook oester- of mosselschelpen gebruiken. Schelpjes die u van het strand hebt meegenomen, kunt u inmetselen in randen van gewoon cement of steen.

Gewasjes die vroeger als randplantjes in cottage-tuinen werden gebruikt, zijn nog steeds verkrijgbaar. Modernere varianten hierop zijn *Aubrieta*, huislook, *Cerastium tomentosum* (dat zich enorm kan uitbreiden), *Alyssum* of zelfs bieslook.

Een beboste of in de schaduw liggende border

Een heel natuurlijk effect bereikt u met korte, in een rij gelegde houtblokken om de vorm van een pad of de ronding van een bebost bed af te tekenen.

Dit ziet er nog beter uit als u het thema voortzet door een knoestige boomstronk of een omgevallen boomstam in het bed op te nemen. Verberg ze half door bosplanten en schaduwminnende planten als varens, vingerhoedskruid, zilverberken en rododendrons. In een omgeving waarin de natuur wat meer beteugeld wordt, kunt u

Photos Horticultural

Gillian Beckett

Eric Crichton

TUINTIPS

GEOMETRISCHE SIERTUIN

De geometrische siertuin is een andere ouderwetse, formele tuinstijl die weer terugkomt. Leg de bedden aan in een ingewikkeld patroon, met randen van heggetjes die u terugknipt tot 10 à 15 cm hoogte. Beplant de bedden met eenjarigen en leg tussendoor grindpaden aan.

Een geometrische siertuin kunt u het best dicht bij het huis aanleggen, want dan hebt u van boven zicht op de patronen en de contrasten.

De randen van de tuin horen eigenlijk van dwergbuxus te zijn, maar deze soort groeit heel langzaam. Gebruik in plaats daarvan lage lavendel of een soort rozemarijn met een opgaande groei, die u in de gewenste vorm snoeit.

een keurige omranding maken van korte stukken behandeld timmerhout die met draad bijeengehouden worden. In tuincentra zijn deze afrasteringen kant en klaar te koop, maar u kunt ze ook zelf maken. Als een lage 'keermuur' staan ze bijzonder goed in een beschaduwde border, waar ze deels schuil kunnen gaan achter hosta's, *Brunnera*, *Geranium phaeum* en salomonszegel. Aangezien kruidentuinen voornamelijk groen zijn met betrekkelijk weinig bloemen, is het een goed idee er veel harde materialen in op te nemen om het blad beter uit te laten komen. Paden van baksteen of grind en een zonnewijzer of een vogelbad zorgen voor een mooi contrast in textuur.

Derek Gould

Afwisselende bosjes witte Alyssum *en paarse lobelia (linksboven) vormen een mooie rand langs een kleurrijk bloembed.*

Tegels (rechtsboven) of bakstenen vormen een keurige afscheiding tussen een grasveld en een perk.

Bakstenen paadjes (links) scheiden kruidenperkjes van elkaar. Het geheel wordt omsloten door een rechthoek van tegels met stenen vogelbaden en een brede strook grind.

De ingewikkelde patronen van een geometrische siertuin worden gevormd door gesnoeide heggetjes (rechts). Beplant de ruimten ertussen of leg er grind.

Kruidentuin

Een keurige rand van oude rode bakstenen of vierkante tegeltjes van terracotta die langs een grindpad zijn gelegd, accentueert de vorm van de tuin.

U kunt nog een stap verder gaan door een lage keermuur te maken van op hun kant gezette oude rode bakstenen of grote vloertegels of dakpannen. Heel bijzonder is een rand van naast elkaar geplaatste, rechtopstaande stenen afvoerbuizen.

Stort daarnaast grind, in een 15 cm brede strook, om de rand van het bed af te scheiden van het gras, tenzij er al een grindpad langs ligt. Een metalen strip langs de grasmat voorkomt dat er grind op het gazon komt.

Tuinverlichting

Als de dag ten einde loopt en het donker wordt, doe dan wat licht aan en beleef de genoegens van de tuin bij avond.

Met één knip van de schakelaar kunt u uw tuin een totaal ander aanzien geven. U ziet de tuin in een ander licht, krijgt een andere kijk op uw planten en ontdekt een omgeving die op een heel andere manier rust uitstraalt.

Beperk de verlichting niet tot fantasieloze schijnwerpers. Maak bijvoorbeeld een aantal verlichte intieme hoekjes waar u en uw bezoek op een warme zomeravond genieten van planten die 's avonds veel krachtiger geuren, zoals kamperfoelie, bepaalde violieren en tabaksplanten.

Laat uw fantasie werken om interessante dingen in de tuin naar voren te halen; schep lichtkringen en poelen van duisternis en creëer dramatische schaduwen.

Tijd om te genieten

Tuinverlichting is altijd zinvol, of u nu een feestje geeft of gewoon met wat vrienden in een aangename omgeving wilt zitten. Overdag bent u geneigd om in de tuin te gaan werken; de avond geeft u de gelegenheid achterover te leunen en de vruchten van uw werk te plukken.

Beperk de lichteffecten niet tot de zomermaanden. In de winter levert een spotje gericht op een opvallende plant of boom een fraai gezicht op waarvoor u de kou niet hoeft te trotseren. Werp bijvoorbeeld licht op de bleke, spookachtige schors van een zilverberk of op de puntige, paarsrode bladeren van gekleurd Nieuwzeelands vlas (*Phormium* spp.).

Gemakkelijk voor iedereen

Veiligheid is natuurlijk een van de eerste dingen waar u op let als u buitenshuis stroom gebruikt. Veel systemen werken op een laag voltage dat uit een transformator in het huis komt, zodat de kabels buiten veilig zijn. Als u in een zeer zonnige streek woont, kunt u tuinlampen kopen die op zonneënergie werken. Lampen die op stroom werken, voldoen over het algemeen toch beter, onder meer omdat ze krachtiger zijn. Sommige zijn vrij gemakkelijk te installeren en veilig in gebruik – als u tenminste de nodige voorzorgsmaatregelen treft.

Als u lichten wilt die steeds op dezelfde plaats blijven, zoals decoratieve lantaarns bij de oprit of aan weerszijden van het tuinhek, kunt u ze het beste laten installeren door een elektricien. Het is de moeite waard meteen ook wat stopcontacten te laten aanbrengen, die u voor uw elektrische tuingereedschap kunt gebruiken.

Als u een aantal aansluitpunten hebt in verschillende delen van de tuin, kunt u de lichten gemakkelijk verplaatsen. Zorg er wel voor dat u altijd de speciale waterdichte contactdozen gebruikt. Laat de kabel door een buis lopen die minstens 45

NIET VERGETEN

DENK AAN DE BUREN

Houd uw buren te vriend door ervoor te zorgen dat tuinlampen naar beneden schijnen en niet naar boven of over de schutting.

Goede tuinlampen doen planten en andere opmerkelijke tuinelementen goed uitkomen, ook als ze zelf nogal opvallend zijn. De lampen rechts verlichten het verhoogde ronde plaatsje en de indrukwekkende stenen blokken met de planten ertussen.

Hozelock Ltd.

Het geveerde blad van venkel (onder) wordt verlicht door één speciaal daarvoor bedoelde lamp. Zo ziet u dat u met verbeeldingskracht en enige bereidheid om te experimenteren verborgen aspecten van uw tuin aan het licht kunt brengen.

Peter McHoy

VERLICHTING VOOR VEILIGHEID

Verlichting maakt de tuin veiliger. Een schijnwerper boven de patio helpt ongelukken voorkomen. Een lichtje dat in de muur bij een trapje is aangebracht, maakt het beklimmen ervan in het donker minder gevaarlijk. Een goed licht zonder al te veel schaduwen bij de barbecue verkleint het risico van verbrandingen en andere ongelukken.

Licht schrikt ook inbrekers af. Als u buitenverlichting aan laat brengen, kunt u overwegen lichten rond het huis te nemen die automatisch aan gaan als er iemand in de buurt komt. Met behulp van een tijdschakelaar laat u ze aan en uit gaan als u niet thuis bent.

Peterr McHoy

cm in de grond is ingegraven en leg er tegels overheen. Het risico dat er iemand over een snoer struikelt, wordt hierdoor verkleind, evenals de kans op een elektriciteitsschok.

Veiligheid voor alles

Gebruik buitenshuis *altijd* waterdichte verbindingsstukken. Ze zijn te koop in elektriciteitszaken en ook in tuincentra. Welke elektrische buitenlamp u ook uitkiest, neem er altijd een stroomonderbreker bij, die u beschermt wanneer de draden per ongeluk worden doorgesneden.

Laagspanningslampen kunt u vol vertrouwen gebruiken en zonder de hulp van een bevoegde elektricien installeren, waardoor ze een veel goedkopere optie zijn. Het transformatortje dat erbij hoort, wordt simpelweg aangesloten op een contactdoos in het huis of in de garage, en alleen de laagspanningskabel wordt naar buiten geleid. Over het algemeen is de gebruiksaanwijzing niet moeilijk te volgen en zult u de lampen binnen een uur installeren.

Vergeet niet dat rondslingerende kabels in de tuin nog steeds gevaarlijk kunnen zijn. Stop ze goed weg, zodat ze geen kwaad kunnen.

Als u alleen een feestelijke sfeer wilt voor een speciale gelegenheid, kunt u afzien van elektrische lampen en volstaan met kaarsen, olielampen en fakkels. Het nadeel van deze vormen van verlichting is dat ze tijdelijk zijn. Een ideale situatie creëert u door een elektrische tuinverlichting aan te (laten) leggen, waar u het hele jaar door plezier van hebt, en er op een zomeravond fakkels en kaarsen bij te nemen om in de goede stemming voor een barbecue te komen.

Een lantaarn is nuttig om donkere plekjes in de tuin te verlichten, ook overdag. Deze lantaarn (boven) geeft het gebladerte eromheen iets warms en vertrouwds. Neem een kleur glas die goed staat in de tuin. Sommige tuinen gaan erop vooruit met een oranje gloed, in andere staat wit licht mooier.

Er zijn allerlei nieuwigheden in de handel, zoals deze grappige paddestoelen (rechts). Als u ze zorgvuldig uitkiest, verhogen ze de charme van uw tuin. Ga echter niet te snel tot een aankoop over en overtuig u ervan dat er voldoende ruimte is om de draden te leggen zonder dat uw planten er hinder van hebben.

Harry Smith Collection

LICHT IN DE VIJVER

Onderwaterverlichting staat prachtig, maar de werkelijkheid is vaak minder leuk. Na een paar weken kan een laag algen en vuil de fraaie aanblik al verduisteren, vooral als het laagspanningslampen betreft die niet zo'n sterke lichtbundel hebben als het type dat direct op het lichtnet wordt aangesloten. Verlichting die van bovenaf op een waterval, een fontein of een waterspuwer schijnt, is veel effectiever. Vaak is wit licht hier veel sfeervoller dan gekleurd licht.

Het verlichten van uw tuin hoeft niet duur te zijn. Een of twee goed geplaatste lichten kunnen even effectief zijn als tientallen lampen die door de hele tuin heen staan.

Creatief gebruik van licht

Kies voor een creatief gebruik van tuinverlichting het juiste soort licht voor de juiste plaats en gelegenheid. Voor een feest kunnen gekleurde lampen aan snoeren die in slingers langs een trellis of een muur hangen of tussen de takken van een boom door lopen, precies het gewenste effect geven, vooral als u ook kaarsen en fakkels in de tuin neerzet.

Veel laagspanningssystemen zijn bedoeld om een bundel licht over een beperkt gedeelte van de tuin te laten werpen: 'paddestoelen' zijn geschikt om licht te werpen op lage perkplanten of bodembedekkers zoals heidestruikjes. Lange, smalle lampen daarentegen staan beter aan de rand van paden. Deze lampen zijn erg praktisch en mooi als het donker is, maar in sommige tuinen zijn ze overdag misschien te opvallend.

De meest effectieve lichten zijn spotjes die u achter struiken of bossige planten verbergt. Overdag ziet u ze niet en na het vallen van de avond werpen ze bundels licht, waardoor verbluffend mooie effecten ontstaan. De meeste spotjes die in de handel zijn, zijn voorzien van een spits toelopende voet die in de grond gezet kan worden. Meestal hebben ze een zwenkkop, zodat u ze afhankelijk van de groei van de planten of de wisseling van de jaargetijden in een andere stand kunt zetten.

De juiste hoek kiezen

Zet planten die beginnen te bloeien in het zonnetje door de lichtbundel op die plant, d.w.z. onder een andere hoek, te laten vallen. Op dezelfde manier vestigt u de aandacht op bijzondere vormen (zoals een kronkelige wilg of een statige *Fatsia japonica*) in de wintertuin.

Maak een weloverwogen keuze uit de planten die u in het licht wilt zetten. Verrassend genoeg stellen planten die er overdag prachtig uitzien bij kunstlicht soms teleur. Een witte bloem zal er vaak uitspringen, terwijl rode en blauwe er flets en treurig bij kunnen staan. Ook een perk met zomerbloeiers is 's nachts niet altijd even stralend. Experimenteer totdat u combinaties van planten ontdekt die echt gaan schitteren wanneer ze verlicht worden.

Vorm aannemen

Bladplanten, ook bonte, stellen soms teleur, maar goudgele of goudgeel gevlekte of gestreepte bladeren kunnen er fantastisch uitzien. *Vorm* is na het vallen van de avond belangrijker dan kleur. Een gewone groene hosta met grote, forse bladeren als de *H. sieboldiana* 'Elegans' kan indrukwekkender zijn dan een bonte die u overdag mooier vindt. Andere borderplanten waar u heel goed een spotje op kunt richten, zijn bereklauw (*Acanthus spinosus*), *Crambe cordifolia*, met haar wolken van gipskruidachtige, witte bloemen op stengels van 1,8 meter of meer, en vuurpijlen (*Kniphofia*). In de herfst staan hoge siergrassen zoals pampasgras mooi in fel kunstlicht.

Als u een kruidentuin hebt, zijn engelwortel en venkel ideale objecten. Beide kunt u ook in borders en in grind plaatsen.

Harry Smith Collection

Harry Smith Collection

Een tuinlamp staat fraai tussen perk- en bladplanten (boven). De elegante staande lamp (rechts) is bedoeld om deel uit te maken van de tuinsculptuur en het effect ervan te verhogen.

Peter McHoy

Breng op een patio licht aan, zodat u op een zomeravond buiten kunt eten (onder) of gewoon kunt zitten. Er is een ruime keuze aan lampen van allerlei typen en in allerlei stijlen.

Forse struiken of heesters met sterke contouren zoals *Fatsia japonica*, Nieuwzeelands vlas, met zijn grote, zwaardachtige bladeren, winterharde yucca's en de op een palm lijkende *Cordyline australis* (in streken waar deze soort tegen de winter bestand is) zien er allemaal prachtig uit wanneer ze baden in het licht. Ze werpen dan bovendien intrigerende schaduwen.

Bomen verlichten

Bomen zijn vaak te groot om in een kleine tuin effectief te verlichten. Ook kunnen de buren last hebben van het licht dat ernaast valt. Een kleine boom met een bijzondere vorm, zoals een kurketrekkerhazelaar of een kronkelige wilg, is wel geschikt om 's winters in het licht van een spotje te zetten.

Altijdgroene planten zoals eucalyptus staan in elk jaargetijde mooi. Het is niet altijd nodig de hele boom te verlichten – de zilverwitte stam van een berk, met een donkere haag erachter, kan al een schitterend effect geven.

Spotjes zijn bijzonder effectief wanneer u de aandacht op een standbeeld of een ander bijzonder ornament wilt vestigen. Een eenvoudige buste op een sokkel, in een nis of met een bakstenen muur erachter, zal er met een omlijsting van planten als klimop uitzien als een plaatje wanneer u er een spotje op zet.

Probeer het licht uit in verschillende standen: laat het van onderen en van boven, van links, van rechts en onder steeds andere hoeken schijnen. Zet het pas daarna vast. U zult zien dat elke lichtval weer andere details naar voren haalt en weer andere schaduwen doet ontstaan; zo leert u hoe u licht kunt gebruiken.

IN HET LICHT VAN DE ZON

Het klinkt misschien vreemd, zonlicht voor de tuin bij avond, maar als u niets voelt voor elektriciteitsdraden en transformators, en toch zacht, diffuus licht wenst, zijn zonnelampen iets voor u. Overdag slaan ze zonne-energie op, die ze 's avonds omzetten in licht. 's Winters kunt u ze niet gebruiken. Verwacht er niet hetzelfde effect van als van licht dat brandt op elektriciteit.

Een lamp die door de zon van energie wordt voorzien (links), staat helemaal los van het elektriciteitsnet. U kunt haar neerzetten waar u maar wilt en het installeren ervan zal u niet veel tijd kosten. U moet dan wel in een streek wonen waar de zon vaak en lang genoeg schijnt voor een dergelijke lamp. Sommige tuinen krijgen misschien maar een paar weken per jaar voldoende zonlicht. Veel mensen vinden zonnelampen een slimme investering.

Photos Horticultural

GOEDE IDEEËN

FEESTELIJK LICHT

In tuincentra kunt u speciale 'party lights' kopen. Ze zijn niet duur, gemakkelijk aan te brengen en hebben geen permanente bedrading nodig. De stekker steekt u gewoon in een stopcontact in huis en het snoer laat u door een raam naar buiten lopen. Bij de lampen zit een gebruiksaanwijzing, waarin u ook kunt lezen hoe u er een kerstverlichting, langs een raam of over een poort, van kunt maken. Met olie gevulde lampjes zijn ook heel geschikt voor een feest, omdat ze flakkerend, sfeervol licht verspreiden.

Ook kaarsen dragen bij tot de feestelijke sfeer. Op een mooi gedekte tafel zijn ze onmisbaar. Sommige kaarsen zijn geparfumeerd, andere bevatten een geurstof die insekten op een afstand houdt.

Fakkels op een stok van hout of rotan die u gewoon in de grond kunt zetten, geven meer licht, en kinderen vinden ze prachtig. Hoe lang ze branden, is afhankelijk van het type en de kwaliteit, maar de meeste blijven toch wel verscheidene uren branden.

Register

De *cursief* gedrukte cijfers verwijzen naar de bijschriften en foto's

Fotoverantwoording

ANDREW LAWSON *7, 9, 13, 15, 17, 29, 33, 47, 64,87;* BASCO BARON, ROCHDALE *74;* BULLDOG GARDEN BUILDINGS *68*
COLLECTIONS *15, 28, 34, 77;* DAVID SQUIRE *16, 17, 71, 83*
DEREK GOULD *6, 10, 24, 38, 39, 41, 46, 63, 73, 86, 89*
DON WILDRIDGE *12, 37;* ELIZABETH WHITING *55, 57, 58*
ERIC CRICHTON *11, 21, 25, 31, 48, 59, 69, 75, 76, 79, 85, 87, 89*
GARDEN PICTURE LIBRARY *8, 16, 18, 20, 26, 29, 32, 43, 56, 66, 70, 72, 82;* GILLIAN BECKETT *88*
HARRY SMITH COLLECTION *19, 23, 24, 26, 35, 37, 42, 43, 44, 52, 56, 57, 58, 59, 71, 76, 77, 78, 80, 84, 91, 92*
LIFE FILE *81, 84;* MARSHALL CAVENDISH *31, 36, 81*
NATURE PHOTOGRAPHS *14*
NEIL HOLMES *8, 9, 40, 41, 45, 47*
NHPA *19, 20, 21*
P.J. BRIDGEMAN & CO LTD, ENFIELD *68*
PAT BRINDLEY *13, 15, 33, 36, 40, 46, 49, 51*
PETER MCHOY *8, 10, 19, 36, 44, 54, 68, 90, 91, 92*
PHOTOS HORTICULTURAL *10, 11, 14, 27, 28, 30, 33, 34, 38, 40, 42, 49, 50, 51, 52, 53, 58, 62, 63, 67, 69, 78, 87, 88, 93*
S & O MATHEWS *30, 62, 64, 65, 74, 78*
TANIA MIDGLEY *13, 25, 35, 45*